江西财经大学财税与公共管理学院
尚公文库

U0517494

季俊杰 ◎ 著

中国高校贫困生精准资助机制研究

中国财经出版传媒集团
经济科学出版社
Economic Science Press

图书在版编目（CIP）数据

中国高校贫困生精准资助机制研究/季俊杰著. ——
北京：经济科学出版社，2019.10
ISBN 978 - 7 - 5141 - 9922 - 2

Ⅰ. ①中… Ⅱ. ①季… Ⅲ. ①高等学校-特困生-赞
助-研究-中国 Ⅳ. ①G645.5

中国版本图书馆 CIP 数据核字（2019）第 233432 号

责任编辑：顾瑞兰
责任校对：刘 昕
责任印制：邱 天

中国高校贫困生精准资助机制研究

季俊杰 著

经济科学出版社出版、发行 新华书店经销
社址：北京市海淀区阜成路甲 28 号 邮编：100142
总编部电话：010-88191217 发行部电话：010-88191522
网址：www. esp. com. cn
电子邮件：esp@ esp. com. cn
天猫网店：经济科学出版社旗舰店
网址：http://jjkxcbs. tmall. com
固安华明印业有限公司印装
710×1000 16 开 12.75 印张 220000 字
2019 年 10 月第 1 版 2019 年 10 月第 1 次印刷
ISBN 978 - 7 - 5141 - 9922 - 2 定价：68.00 元
（图书出现印装问题，本社负责调换。电话：010 - 88191510）
（版权所有 侵权必究 打击盗版 举报热线：010 - 88191661
QQ：2242791300 营销中心电话：010 - 88191537
电子邮箱：dbts@ esp. com. cn）

总　序

习近平总书记在哲学社会科学工作座谈会上指出，一个国家的发展水平，既取决于自然科学发展水平，也取决于哲学社会科学发展水平。坚持和发展中国特色社会主义，需要不断在理论和实践上进行探索，用发展着的理论指导发展着的实践。在这个过程中，哲学社会科学具有不可替代的重要地位，哲学社会科学工作者具有不可替代的重要作用。

习近平新时代中国特色社会主义思想，为我国哲学社会科学的发展提供了理论指南。党的十九大宣告："经过长期努力，中国特色社会主义进入了新时代，这是我国发展新的历史方位。"中国特色社会主义进入新时代，意味着近代以来久经磨难的中华民族迎来了从站起来、富起来到强起来的伟大飞跃。新时代是中国特色社会主义承前启后、继往开来的时代，是全面建成小康社会、进而全面建设社会主义现代化强国的时代，是中国人民过上更加美好生活、实现共同富裕的时代。

江西财经大学历来重视哲学社会科学研究，尤其是在经济学和管理学领域投入了大量的研究力量，取得了丰硕的研究成果。财税与公共管理学院是江西财经大学办学历史较为悠久的学院，学院最早可追溯至江西省立商业学校（1923 年）财政信贷科，历经近百年的积淀和传承，现已形成应用经济和公共管理比翼齐飞的学科发展格局。教师是办学之基、学院之本。近年来，该学院科研成果丰硕，学科优势突显，已培育出一支创新能力强、学术水平高的教学科研队伍。正因为有了一支敬业勤业精业、求真求实求新的教师队伍，在教育与学术研究领域勤于耕耘、勇于探索，形成了一批高质量、经受得住历史检验的成果，学院的事业发展才有了强大的根基。

为增进学术交流，财税与公共管理学院推出面向应用经济学科的"财税文库"和面向公共管理学科的"尚公文库"，遴选了一批高质量成果收录进两大文库。本次出版的财政学、公共管理两类专著中，既有资深教授的成果，也有年轻骨干教帅的新作；既有视野开阔的理论研究，也有对策精准的应用研究。这反映了学院强劲的创新能力，体现着教研队伍老中青的衔接与共进。

繁荣发展哲学社会科学，要激发哲学社会科学工作者的热情与智慧，推进学科体系、学术观点、科研方法创新。我相信，本次"财税文库"和"尚公文库"的出版，必将进一步推动财税与公共管理相关领域的学术交流和深入探讨，为我国应用经济、公共管理学科的发展作出积极贡献。展望未来，期待财税与公共管理学院教师，以更加昂扬的斗志，在实现中华民族伟大复兴的历史征程中，在实现"百年名校"江财梦的孜孜追求中，有更大的作为，为学校事业振兴做出新的更大贡献。

江西财经大学党委书记

2019 年 9 月

前　言

本书以精准资助理念为指导，辅之以教育学、经济学、管理学等学科理论与研究方法，同时结合相关调查，对我国高校学生各类资助机制的运行方式和常见问题进行系统分析，并构建与国情相适应的高校精准资助机制与系统，促进高校学生资助工作的精准施策与创新。

本书以"保障型资助机制—发展型资助机制—综合管理机制与系统"为写作主线。在保障型资助机制中，本书考察了国家助学贷款和勤工俭学机制。这两项资助项目分别是有偿资助项目和自助型资助项目的代表，它们覆盖面广，资助力度强，运行和管理机制也相对复杂，是高校多元资助体系的核心；在发展型资助机制中，本书考察了高校贫困生就业资助机制，它们是今后保障型资助向发展性资助升级的重要着力点；在综合资助管理机制中，本书重点探讨资助包计划、学生资助反周期供给机制和精准资助综合管理系统。前两项机制旨在实现多项目协同资助，提高学生资助的内外部精准管理水平，最后一项汇总形成高校精准资助的总体管理系统。

本书内容共分为七章，具体安排如下。

第一章，绪论。介绍本书的研究背景与意义、研究现状、研究方法等。

第二章，国家助学贷款的运行机制及其优化对策。国家助学贷款是高校资助体系中最重要的资助项目，其运行机制也最为复杂。国家助学贷款的主要运行机制包括效益发生机制、定价机制、保险机制和补贴机制。这四种机制四位一体，共同决定了国家助学贷款的运行方式与效率。本章对上述机制的运行方式和效率进行分析，并提出完善建议，进而为建立健全高校精准资助机制奠定基础。

第三章，高校勤工俭学的管理机制及其优化对策。高校勤工俭学是自助型资助项目的代表，具有育人、资助和人力资源补充的功能。在高校勤工俭学项目中，研究生"三助"工作最具代表性。基于此，本章以典型案例调查为基础，对研究生"三助"工作的现状、常见问题和成因进行考察，并提出精准化管理建议，进而为完善高校精准资助育人体系奠定基础。

第四章，高校贫困生就业资助的运行机制及其优化对策。帮扶高校贫困生就业是促进贫困生成长的重要途径，因此就业资助是今后发展型资助工作的重要着力点。本章以典型案例调查为基础，对现行高校贫困生就业资助机制的运行状况、问题和成因展开分析，并提出机制完善方案，以促进高校发展型资助机制建设，提升高校贫困生就业水平。

第五章，高校资助包计划的运行机制及其优化对策。资助包是我国高校正在探索的一种混合资助管理模式，它有利于实现学生资助信息的分层排序与动态管理，是今后完善高校精准资助管理机制的重要途径。本章对中外资助包计划的运行机制进行考察和比较，借此总结中国高校资助包计划的本土特色，揭示其优势和不足，并提出机制优化建议，从而为完善高校资助的内部精准管理机制奠定基础。

第六章，高校学生资助反周期供给机制的构建与应用。高校学生资助反周期供给机制是本书自主设计的一种资助供给调节机制，其目的在于防范宏观经济周期波动对学生资助供求关系的冲击。本章将探究经济周期与学生资助的同步共振原理与现实案例，在此基础上应用控制论理论，构建以就业率为信号的高校学生资助反周期供给机制，并分析其政策可行性、财政可行性和实施效应，从而保障学生资助的跨周期平稳供给，为构建高校资助的宏观精准管理机制奠定基础。

第七章，中国高校精准资助系统的构建方案。本章旨在汇总前文研究成果，探索高校精准资助系统的总体解决方案，内容涉及设计理念、运行机制和配套措施等，为今后高校构建学生资助精准管理平台奠定基础。

本书是国内系统论述高校精准资助机制的专著，力求对高校资助的核心项目机制作出全面系统的分析。本书是作者多年相关研究成果的总结，具有较强的创新性和探索性，可供高等教育管理者、高等教育研究人员、相关专业的师生和研究者，以及广大从事和关心学生资助工作和教育扶贫工作的社会各界人士阅读与参考。

季俊杰

2019 年 9 月

目　录

保障型资助篇

第一章

绪　论

第一节　研究背景与意义

学生资助是保障我国高等教育公平的重要手段。1997 年，我国高校开始实行教育成本分担制度，目标是要建立一个由国家、社会和个人合理分担高等教育培养成本的机制。这一机制弥补了国家对高等教育投入的不足，使高等教育规模扩大成为可能，但同时，由于学费实际增长一度高于人均收入增长，经济社会深入转型造成贫富差距扩大，再加上贫困标准的提升，导致高校贫困生问题凸显。根据教育部公布的数据，2009 年，全国普通高校在校生总人数 2285.15 万人，其中，家庭经济困难学生人数 527 万人，占全部在校生总人数的 23%。[①] 再从 2018 年国家助学贷款资助 446.94 万人，国家助学金资助本/专科生 576.92 万人，资助研究生 194.64 万人，以及通过"绿色通道"入学 125.80 万人，占新生总人数的 14.70% 的数据看，[②] 高校贫困生仍然是亟须社会帮扶的一个庞大群体。

与非贫困生相比，高校贫困生普遍面临经济压力较大、心理负担较重、就业存在一定的困难等问题。贫困生问题能否得到妥善解决，不但直接影响数百

[①] 2009 年全国普通高校资助政策执行情况［EB/OL］．中华人民共和国教育部官方网站，http://old.moe.gov.cn/publicfiles/business/htmlfiles/moe/s4560/201008/96208.html.

[②] 全国学生资助管理中心．2018 年中国学生资助发展报告［N］．人民政协报，2019-03-07 (018).

万高校贫困生的福祉，更关系到高等教育的公平性和社会稳定。为此，我国自新中国成立初期便着手建立高校学生资助制度，其后经历了人民助学金制度为主、人民助学金与奖学金制度并行、奖/贷学金制度并行、"奖、助、贷、勤、免、补"为主体的多元资助体系等多阶段的探索和发展，其施政重心也由"公平至上"转向"效率优先"，再转向"多元发展"和"充足供应"，力求满足贫困生的经济需求。尤其是 21 世纪以来，学生资助事业发展渐入快车道，高校资助政策不断完善，财政投入力度不断加大，管理水平不断提高，为保障高等教育公平奠定了坚实基础，显示了政府改善民生的决心，其辉煌成就已为社会所公认。

当下高校学生资助工作的中心任务是建立和完善精准资助机制。它不仅是落实中央"精准扶贫、精准脱贫"基本方略以及推进教育脱贫、扶助完成学业到阻断贫困代际传递的根本方法，也是高校学生资助事业发展逻辑的内在要求。

2007 年以前，由于国家财力有限，我国学生资助事业的主要矛盾体现为日益增长的资助需求与资助资源供给不足之间的矛盾。2007 年，《关于建立健全普通本科高校高等职业学校和中等职业学校家庭经济困难学生资助政策体系的意见》颁布，学生资助的力度和覆盖面大大增强。到 2018 年，我国高校学生资助经费由 2006 年的 182 亿元增长到 1150 亿元[①]，增长 6.3 倍，高校学生资助事业基本实现"应助尽助"。

随着困扰中国高校学生资助事业多年的资助资源短缺问题得到基本解决，高校学生资助的效率和精准度问题逐渐凸显。2015 年，时任教育部部长袁贵仁在全国教育工作会议上首次提出了精准资助的概念："要提高国家资助政策的精准度，确保国家学生资助、奖补等优惠政策真正落实到每一个需要帮扶的学生身上。"[②] 所谓精准资助，具体来说，包括精确识别、精确帮扶、精确管理和精准评估四大环节，其最终目标是实现单位资源投入取得最大化的资助效果，提升资助效率，避免资助资源浪费。然而，在当前高校学生资助工作中，

---

① 教育部. 中国学生资助发展报告（2018）［R］.

② 袁贵仁. 全面深化综合改革　全面加强依法治教　加快推进教育现代化［N］. 中国教育报，2015 – 02 – 12（01）.

尽管学生资助经费在不断增长，但贫困生认定不准、资助机制设计不尽合理、资助管理低效、资助效果不清等粗放资助现象依然存在，导致日益增长的资助资源供给没有得到更好的利用。这与当前精准扶贫战略的实施要求是不相容的。

机制影响生产力。同样，高校资助机制是影响学生资助效率与精准度的关键因素，也是高校资助体系的动力和活力源泉。从实践看，目前我国高校资助项目众多，机制繁杂，常见的资助项目机制有奖学金、助学金、贷学金、困难补助、学费减免、勤工俭学和代偿等，有的学校还有自创或社会人士设立的资助项目机制。然而，在这些林林总总的资助机制运行的过程中，不同程度地存在着机制设计僵化滞后、欠缺科学性、静态化管理等问题，进而浪费了资助资源，降低了管理效能，影响了资助效率和精准度；另外，某些具有显著需求和可行性的发展型资助项目和综合管理项目仍然处于小范围试点阶段，甚至存在供给缺位现象，导致学生资助需求得不到充分满足，影响了高校精准资助的成效。基于此，2016 年，教育部副部长杜玉波提出"十三五"期间学生资助工作的总体思路是：以实现"家庭经济困难学生资助全覆盖"为目标，以建立"精准资助"工作机制为抓手，不断创新资助育人途径和方式，努力开创学生资助工作新局面。① 2017 年，由财政部、教育部等部门共同印发的《关于进一步落实高等教育学生资助政策的通知》进一步明确了精准资助机制的工作目标是实现"四个精准"，即资助对象精准、资助力度精准、资助分配精准和资助发放精准。由此，建立和完善精准资助机制成为我国高校学生资助工作的中心任务。

从研究现状看，国内关于高校精准资助机制的研究虽然数量不少，但其研究范式大多偏重理论，对各种资助机制的运行方式、运行状况和运行中的效率问题缺乏深入考察，而且研究对象偏窄，也缺乏精准资助的最新视角，影响了研究的实践指导意义。这表明，相关研究已经滞后于实践发展的需要。基于此，本书首次将多种高校学生资助机制统一置于精准资助的视角下加以审视，一方面，梳理传统的资助项目机制的运行方式，查找问题及成因，探索机制完

---

① 高靓. "十三五"期间实现"精准资助"——教育部副部长杜玉波就学生资助工作答记者问 [N]. 中国教育报，2016 – 03 – 12（01）.

善方案；另一方面，开展新资助项目的可行性论证和机制设计。本书对于建立和完善高校精准资助机制，提升高校资助工作效率，推进精准扶贫战略实施乃至深化学生资助理论研究具有重要的现实意义和理论价值。

第二节　研究现状

高校精准资助机制是一个既新颖又不失传统性的研究课题。说其"新颖"，是因为"精准资助"这一概念是近年来随着精准扶贫战略实施而提出的，其研究内涵具有较强的时代特征和政策驱动性；说其"传统"，是因为在多年来的学生资助研究中，许多文献虽未明确提及"精准资助机制"这一概念，但在其研究中已经对各类高校资助机制的运行方式、效率缺失和效率优化对策作了不同程度的分析，其研究内涵同样指向"精准资助机制"。因此，这类研究对高校精准资助机制研究而言，"虽无其名，却得其实"，同样可视为相关研究的一部分。基于此，大致以2015年精准扶贫战略实施为标志，相关研究可以分为最新的"精准资助研究"和"传统资助机制研究"两类进行考察。

一、精准资助研究

精准资助研究是从精准资助理念和要求出发，针对高校学生资助工作的理论和实践开展的研究，极具中国本土特色和时代特征。自从精准扶贫战略实施以来，精准资助便成为相关学科的研究热点，相关文献呈井喷之势。以"精准资助"和"精准资助机制"为篇名，分别检索中国知网可发现，共有534篇和38篇相关文献，它们全部发表于2015年之后，文献数量逐年递增，且内容均与高校学生资助相关（见图1-1和图1-2）。这表明，"高校精准资助机制"这一研究命题的兴起，主要受到近年来精准扶贫战略实施的驱动。

从研究质量看，在上述诸多文献中，发表于CSSCI、北大中文核心、CSCD、SCI和EI类重要索引的期刊论文很少，以"精准资助"为篇名只有20篇，占文献总数的3.75%，以"精准资助机制"为篇名的没有任何发表。这表明，相关研究虽然"热门"，但研究质量总体上还有待提升。

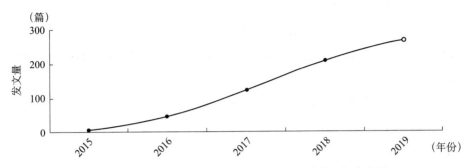

图 1-1 "精准资助"为篇名的 CNKI 文献计量可视化分析

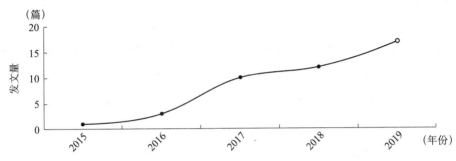

图 1-2 "精准资助机制"为篇名的 CNKI 文献计量可视化分析

从研究内容看,近期的精准资助研究可以分为以下几类。

第一类是宏观理论研究。这种研究大多将精准扶贫的理念、措施和经验与学生资助工作对接,探讨高校精准资助机制工作的意义、关键流程和路径(张福友,2015;① 杨晓慧,2016②),有的分析其基础与前提、定位与目的、过程与方法、价值与评价(张远航,2016③),有的分析其内涵特征、矛盾与痛点、路径对策与探索(吴海燕,2018④)等。

第二类是调查类研究。这类研究较少见,但具有一定的实证价值。例如,胡邦宁等(2017)对北京、江西、云南等22 所高校精准资助工作情况进行调研,剖析了高校精准资助工作主要存在的问题和未来发展趋势,并从政策制

---

① 张福友. 关于普通高校学生精准资助工作的理论 [J]. 黑龙江高教研究,2015(11):78-80.
② 杨晓慧. 关于新时期高校学生精准资助工作的思考 [J]. 中国高等教育,2016(9):22-25.
③ 张远航. 论高校家庭经济困难学生的"精准资助" [J]. 思想理论教育,2016(1):108-111.
④ 吴海燕. 高校学生精准资助的路径探索 [J]. 学校党建与思想教育,2018(23):69-70,73.

定、机制建设、资源配置和服务管理等方面提出相应的对策。① 曲绍卫等（2017）依据第三方教育评估机构的实证评估数据，针对全国 34 个省级单位 2014 年度义务教育资助管理绩效情况，深入分析了我国义务教育学生资助管理的成绩与问题。②

第三类是精准资助机制研究。吴丽仙（2015）③ 从理论上探讨了建立精准学生资助工作机制的意义、内容和注意事项；杨芳敏（2018）④、杨士同等（2017）⑤、刘威（2017）⑥ 等学者以具体高校为案例，介绍了实施精准资助机制的经验；郭萌和王怡（2019）⑦ 基于经济学契约理论，探讨了高校精准资助机制优化方法；张永（2017）⑧、胡邦宁等（2017）⑨、展伟（2018）⑩ 等学者探讨了精准资助机制与育人工作机制对接的原则和方法。还有许多研究者探讨了运用新技术、引入新制度构建精准资助机制的可能性。例如，吴朝文等（2016）提出，可基于"智慧校园"平台，运用大数据技术为贫困生画像，开展精准资助工作的路径与方法；⑪ 侯莲梅等（2017）⑫、罗丽琳（2018）⑬、邹

① 胡邦宁，杨靖旭，吕晨，张旋. 高校精准资助的现状及对策研究——基于对 22 所高校的调查分析［J］. 经济研究参考，2017（34）：118 - 128.

② 曲绍卫，纪效珲，王澜. 推进"精准资助"：义务教育学生资助管理绩效评估研究——基于第三方教育评估机构的数据分析［J］. 教育与经济，2017（1）：81 - 86.

③ 吴丽仙. 建立精准学生资助工作机制研究［J］. 教育评论，2015（9）：46 - 49.

④ 杨芳敏. 地方普通高校贫困生精准资助机制研究［D］. 南昌大学，2018.

⑤ 杨士同，侯华伟，郭晋，马熙. 高校资助育人工作精准长效机制探析——以西北农林科技大学林学院为例［J］. 教育教学论坛，2017（51）：69 - 70.

⑥ 刘威. 高校学生资助工作"精准资助"机制的探索——以闽江学院学生资助工作为例［J］. 吉林广播电视大学学报，2017（2）：89 - 90.

⑦ 郭萌，王怡. 基于契约理论的高校精准资助机制优化研究［J］. 经济研究导刊，2019（1）：91 - 93.

⑧ 张永. 脱贫攻坚中高校学生精准资助的育人体系建构［J］. 思想教育研究，2017（11）：107 - 110.

⑨ 胡邦宁，张晓宇，付柯，王帆. 构建高校精准资助耦合性育人机制研究［J］. 文化创新比较研究，2017，1（12）：5 - 7.

⑩ 展伟. 高校贫困生精准资助中的精准育人转向［J］. 江苏高教，2018（6）：80 - 82.

⑪ 吴朝文，代劲，孙延楠. 大数据环境下高校贫困生精准资助模式初探［J］. 黑龙江高教研究，2016（12）：41 - 44.

⑫ 侯莲梅，米华全. 利用大数据推进高校精准资助工作创新［J］. 思想理论教育，2017（8）：107 - 111.

⑬ 罗丽琳. 大数据视域下高校精准资助模式构建研究［J］. 重庆大学学报（社会科学版），2018，24（2）：197 - 204.

松涛等（2018）①等学者也提出了运用大数据技术开展精准资助的类似建议；柴政等（2018）更进一步提出应用神经网络技术挖掘精准资助数据的建议；②白华等（2017）探讨了高校运用建档立卡生精准资助工作机制的实施理念、原则与方法；③吕坤等（2019）提出了引入平衡计分卡战略管理理论，绘制可视化精准资助战略地图，构建完善学生精准资助绩效评估及其指标体系的建议；④周昆和袁丹（2018）提出了引入学习券制度，发挥其精准资助功能的构想；⑤等等。

二、资助机制研究

传统的资助机制研究是对高校学生资助项目的运行和管理机制所进行的专门研究。资助机制研究最早起源于国外，约翰·斯通（Joho Stone）、齐德曼（Adrian Ziderman）、阿尔布雷特（Albrecht）、伍德霍尔（Maureen Woodhall）等知名高等教育财政学家都曾对学生资助项目（尤其是学生贷款项目）机制进行了深入的研究，对当前高校开展精准资助工作具有很强的理论借鉴意义。但是，由于国情和时代的原因，他们的研究成果应用于我国高校资助实践还需要进行本土化改造，这就进一步激发了国内的研究热情。

国内研究大多出现在 2015 年之前，但近期也有相关研究。以助学贷款为例，冯婷莉和许恒（2019）运用金融学理论和信息经济学理论，分析了生源地信用助学贷款风险补偿金机制的运行、问题及其调整方案，研究较为深入具体；⑥徐英和白华（2017）梳理了国家助学贷款制度与机制的演变历史，并对

① 邹松涛，薛建龙，魏东，马帅江，张松伟. 基于大数据的学校精准资助工作研究［J］. 中国教育学刊，2018（S1）：25 – 27.

② 柴政，屈莉莉，彭贵宾. 高校贫困生精准资助的神经网络模型［J］. 数学的实践与认识，2018，48（16）：85 – 91.

③ 白华，徐英. 扶贫攻坚视角下高校建档立卡生精准资助探析［J］. 国家教育行政学院学报，2017（3）：16 – 21.

④ 吕坤，路海玲，徐嘉. 高校学生精准资助实现路径及绩效评估指标体系研究［J］. 学校党建与思想教育，2019（13）：73 – 75.

⑤ 周昆，袁丹. 学习券制度：高校贫困学生精准资助的新途径［J］. 教育发展研究，2018，38（11）：27 – 33.

⑥ 冯婷莉，许恒. 生源地信用助学贷款风险补偿金机制再探［J］. 教育研究，2019，40（4）：126 – 133.

其问题和对策进行了分析;① 冯涛(2018)基于助学贷款按收入比例还款机制的英国、美国、德国、澳大利亚和日本经验,设计了中国学生贷款按收入比例还款的机制;② 徐国兴和刘牧(2016)介绍了助学贷款按收入比例还款机制的日本方案及启示;③ 苏隆中和赵峰(2015)考察了国家助学贷款的定价机制及其问题,并给出了改进措施。④

此外,杨潇和项昱(2016)从实践中总结了"全班动员,民主督导"为理念的贫困生认定"四新四全法",力图达到全班级动员、全方面了解、全过程合理、全部结果认可;⑤ 杨绍政和刘庆和(2016)研究了我国高校贫困生认定机制的缺陷与配套政策设计;⑥ 宋美喆(2016)基于模糊综合评价方法,探究了高校贫困生认定的方法与机制;⑦ 王管(2015)探讨了国家奖助学金受益群体激励与参与机制;⑧ 管新春(2016)考察了美国研究生助学金制度及其对我国的启示;⑨ 张向红和高亮洁(2016)探讨了信息不对称背景下高校助学金评审机制的流程设计;⑩ 张伟(2017)探究了高校图书馆勤工俭学工作的管理;史少杰和周海涛(2016)讨论了研究生"三助一辅"工作中的问题及对

① 徐英,白华. 国家助学贷款制度的演变、缺陷与优化路径 [J]. 教育评论, 2017 (12): 62 – 66.

② 冯涛. 按收入比例还款型助学贷款的国际比较及中国的未来选择方案 [J]. 中国高教研究, 2018 (3): 74 – 79.

③ 徐国兴,刘牧. 国家助学贷款按收入比例还款: 日本的特点及启示 [J]. 高教探索, 2016 (10): 76 – 80.

④ 苏隆中,赵峰. 高校学生助学贷款定价问题探析 [J]. 求索, 2015 (2): 188 – 191.

⑤ 杨潇,项昱. 精准扶贫视域下大学生精准资助的方法研究——基于贫困生认定的满意度调查 [J]. 黑河学院学报, 2019, 10 (4): 86 – 88.

⑥ 杨绍政,刘庆和. 我国高校贫困生认定制度基础缺陷的矫正与配套政策设计 [J]. 贵州社会科学, 2016 (12): 138 – 142.

⑦ 宋美喆. 基于模糊综合评价方法的高校贫困生认定研究 [J]. 黑龙江高教研究, 2016 (7): 16 – 20.

⑧ 王管. 国家奖助学金受益群体激励与参与机制探究 [J]. 教育理论与实践, 2015, 35 (9): 11 – 13.

⑨ 管新春. 美国研究生助学金制度及其对我国的启示 [J]. 大学教育科学, 2016 (3): 108 – 111.

⑩ 张向红,高亮洁. 信息不对称背景下高校助学金评审流程设计——基于博弈论的视角 [J]. 江苏高教, 2016 (4): 45 – 47.

策;① 贾立壮和胡文斌（2016）基于协同育人视角，探讨了研究生"三助"工作创新体系的构建研究;② 马宁（2018）基于史密斯政策执行过程模型，以云南师范大学为例，运用权变理论、人力资本理论、同步激励理论，分析了云南师范大学硕士研究生"三助一辅"工作概况和管理机制问题。③

从 2015 年之前的研究来看，胡滨和郑联盛（2014）探究了"贷款＋保险"联动的国家助学贷款市场化机制;④ 吴大平（2014）对广西生源地信用助学贷款风险防控机制、监控机制、联络机制、激励责任追究制度和档案管理制度等贷后管理机制进行了总结;⑤ 李敏和周艳华（2013）构建了国家助学贷款风险防范和化解机制;⑥ 赵贵臣和刘和忠（2013）探讨了国家助学贷款风险补偿制度的现状、问题与完善对策;⑦ 薛浩等研究还分析了早期高校助学贷款机制面临的困境与对策,⑧ 唐俐俐分析了早期国家助学贷款机制设计中的激励相容缺失问题,⑨ 等等。

其次，毕鹤霞（2012）梳理了高校贫困生认定理论的变迁;⑩ 孙涛和沈红（2008）介绍了高校贫困生认定的国际经验;⑪ 胡磊（2013）探究了三角白化

① 史少杰，周海涛．研究生"三助一辅"工作：问题及对策［J］．国家教育行政学院学报，2016（3）：20－25．

② 贾立壮，胡文斌．协同育人视域下研究生"三助"工作创新体系构建研究［J］．兰州教育学院学报，2016，32（03）：77－78，163．

③ 马宁．云南师范大学硕士研究生"三助一辅"工作的管理问题研究［D］．云南师范大学，2018．

④ 胡滨，郑联盛．"贷款＋保险"：国家助学贷款市场化机制研究［J］．保险研究，2014（8）：54－63．

⑤ 吴大平．广西生源地信用助学贷款贷后管理机制研究［J］．广西社会科学，2014（4）：23－27．

⑥ 李敏，周艳华．国家助学贷款风险防范和化解机制探析［J］．学校党建与思想教育，2013（9）：75－77．

⑦ 赵贵臣，刘和忠．国家助学贷款风险补偿制度：现状分析与政策建议［J］．社会科学战线，2013（7）：230－233．

⑧ 薛浩．高校助学贷款机制面临的困境与对策——以江苏部分高校为例［J］．中国高教研究，2011（2）：63－65．

⑨ 唐俐俐．国家助学贷款机制设计中的激励相容缺失［J］．经济导刊，2010（12）：94－96．

⑩ 毕鹤霞．高校贫困生认定理论变迁述评［J］．现代教育管理，2012（6）：92－96．

⑪ 孙涛，沈红．基于家庭经济状况调查的高校贫困生认定——国际比较的视角［J］．外国教育研究，2008（10）：26－29．

权函数灰色评估方法在高校贫困生认定中的应用;① 李先军和程世新（2014）介绍了美国高校助学金的实施机制以及给中国的启示;② 罗筑华等（2010）根据 PTA 量表法，确定了思想品德、学习态度、生活态度和家庭经济困难程度四个评定基本要素，然后应用特尔斐法确定了权重，最后整合形成高校贫困生国家助学金的评定量表;③ 刘彬霞等（2010）对在大学生奖助学金评比中引入积分制进行了探索;④ 刘佳（2013）应用计算机技术，开发了大学生勤工俭学管理系统;⑤ 郭成等（2012）以云南大学现代教育技术中心为例，探讨了高校勤工俭学管理模式中的问题，并提出规范化建设的建议;⑥ 孔存玉（2013）以华中科技大学为例，探讨了研究生三助工作管理中的问题，并提出了管理机制改革的建议;⑦ 全斌等（2014）以桂北地区高校为例，探讨了西部民族地区大学生贷款代偿政策实施情况;⑧ 侯佛钢（2013）以西南大学为例，调查了学费补偿贷款代偿政策的实施情况和主要问题，并提出了发展建议;⑨ 等等。

三、研究述评

纵观上述两类文献可以发现，精准资助研究的主要贡献在于理论构建。这些研究对精准资助的内涵、意义、理念、原则、方法等要素进行了探讨，构建了精准资助理论的基本框架。同时，也有部分研究涉及精准资助机制构建和运行的基本思路、方法、经验和改进措施，以及应用新技术开展精准资助的可能

---

① 胡磊．基于三角白化权函数灰色评估在高校贫困生认定中的应用［J］．数学的实践与认识，2013，43（16）：79 - 83.

② 李先军，程世新．美国高校助学金制度的实施办法及启示［J］．黑龙江高教研究，2014（8）：51 - 54.

③ 罗筑华，陈熙，谭建国．高校贫困生国家助学金的评定研究［J］．湖南社会科学，2010（3）：182 - 185.

④ 刘彬霞，陆蓉，江浩斌．对大学生奖助学金评比中引入积分制的探索［J］．教育探索，2010（7）：79 - 80.

⑤ 刘佳．大学生勤工俭学管理系统设计与实现［D］．湖南大学，2013.

⑥ 郭成，赵婷婷，陈敏．高校勤工俭学管理模式和规范化建设探索——以云南大学现代教育技术中心为例［J］．中国教育技术装备，2012（32）：117 - 118.

⑦ 孔存玉．研究生三助工作的管理与改革［D］．华中科技大学，2013.

⑧ 全斌，苏良亿，黄榕成．西部民族地区大学生贷款代偿政策调查研究——以桂北高校为例［J］．广西师范大学学报（哲学社会科学版），2014，50（1）：105 - 110.

⑨ 侯佛钢．学费补偿贷款代偿政策调查研究与对策分析——以西南大学为例［J］．中国大学生就业，2013（18）：28 - 32.

性，但这些研究普遍侧重从理念和理论层面展开分析，缺乏具体的操作方案。总体来看，精准资助的研究视角偏宏观，研究方法以思辨为主，虽然有助于提升理论认知，但研究范式笼统，既缺乏调查与实证，对各类资助机制的具体运行过程也缺乏具有学理性的深入分析，对于精准资助工作的实践指导意义有限。相比之下，传统资助机制研究的文献数量更多，对资助机制的研究也更加具体深入，但鉴于有些文献成文年代较早，研究成果已经滞后于学生资助的最新发展，而且普遍缺乏精准资助理念的观照，因此也无法完全满足高校精准资助工作的需要。

综上所述，已有文献对高校精准资助机制虽不乏探究，也为本书的研究提供了有益的价值指引、理论框架、观点借鉴和大量数据与研究素材，但它们普遍存在以下两个问题。

第一，研究范围过窄，缺乏关于发展型资助与综合管理机制的研究。从文献数量看，关于助学贷款运行机制的研究最多，奖助学金次之，也有不少关于贫困生认定机制的研究。至于其他的资助项目机制则关注不多。尤其是一些新兴或发展潜力较大的资助项目（如贫困生就业资助）以及综合管理型的资助项目（如资助包计划），相关研究非常少见。而且据笔者调查，国内目前关于高校精准资助机制的研究非常少见。

第二，精准资助理念与机制分析割裂，导致研究内涵不完整。所谓精准资助机制研究，顾名思义，"精准理念"与"资助机制"在研究中本应一体两面，紧密结合。然而在现有研究中，多数精准资助研究偏重理论视角，对精准资助的理论要素着墨甚多，但在具体机制分析上普遍存在扣题不紧，研究泛化的现象；还有部分研究虽然对资助机制进行了较为深入的分析，却又缺乏明确的精准资助理念和效率视角，成果也存在滞后性，导致研究内涵不完整，难以充分满足当前高校精准资助工作的需要。

基于现有研究的不足，本书将多种高校学生资助机制置于精准资助视角下展开效率分析，并提出优化对策。为保障研究对象的全面性，研究对象和内容分为三类：第一类是相对成熟、应用广泛的现行资助项目（如国家助学贷款、勤工俭学），本书将总结其运行机制方式，查找问题及其成因，并给出优化方案；第二类是某些尚不成熟的资助试点项目和综合管理项目（如就业资助项目、资助包计划），本书将对其运行机制和效率进行分析，给出完善建议；第三类是某些具有显著的资助需求和可行性，但尚未问世的资助项目（如学生资助反周期供给机制），本书将给出相关机制设计的理论和现实依据，然后提出整体的构建方案。

第三节　基本概念

本书的研究对象是高校资助项目机制。正如上文所述，在本书中，有的资助项目是目前高校学生资助体系的主体内容；有的项目虽有小范围试点，但尚未纳入学生资助体系的主体内容；还有的项目尚未问世，系本书根据学生资助需求和可行性所"独创"。根据这些资助项目的功能主旨，它们大致可以分为保障型资助项目、发展型资助项目和综合型管理项目。为便于读者理解，本节将对它们的概念内涵作一简要介绍。

一、保障型资助项目

在我国当前高校资助体系中，基本内容包括学生贷款、奖学金、助学金、勤工助学、困难补助、学费减免六种形式，此外还有代偿等辅助项目。这些资助项目大多为保障学生入学和生活的基本经济需求而设立，具有较强的助学济困性质，属于保障型资助项目。根据这些资助项目的资金偿还方式，它们又可以分为有偿、无偿和自助三种类型。其中，无偿资助又叫赠予性资助，是指将资金无偿赠给学生的资助方式，主要有奖学金、助学金、困难补助、减免学费等；自助性资助是学生靠政府、高校和社会提供的劳动机会和自己的工作获得报酬的资助方式，主要指勤工助学（包括教学助理、科研助理、管理助理等"三助"）和代偿；有偿资助又叫"推迟付费性资助"，是指帮助学生暂时解决困难，待学生毕业后用未来收入偿还教育成本的资助，其主要项目是助学贷款（见图1-3）。

在上述资助项目中，无偿资助的管理机制比较简单，其主要工作难点一般发生在贫困生认定环节，国内对此研究较多，所以本书对相关项目机制不予涉及；代偿覆盖面窄，本书也不予考察。在其余资助项目中，唯有国家助学贷款

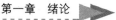

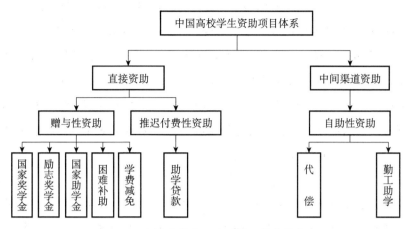

图1-3 中国高校多元资助体系的主体内容

和勤工助学覆盖面大，资助力度强，日常运行和管理也相对复杂，在资助项目机制中最具代表性，因而本书将其作为保障型资助项目的典型案例加以研究。

上述所有学生资助项目的具体内涵和外延具体阐述如下。

第一，国家助学贷款。"助学贷款"又叫"学生贷款"，是指提供给学生，以满足其求学经济需要的贷款。根据是否具有公益性，助学贷款又可分为政府贷学金和商业性贷学金两类。前者一般由政府或银行出资，享受财政补贴，如美国的"帕金斯贷款"、日本的"育英贷学金"等；后者由银行出资，以盈利为目的，且没有政府补贴，完全进行商业化运作。

国家助学贷款是我国的政府贷学金，它资助力度大、覆盖面广，并且含有各种补贴，是目前高等教育资助体系的核心项目。按照教育部的界定，"国家助学贷款是由政府主导、财政贴息、财政和高校共同给予银行一定风险补偿金，银行、教育行政部门与高校共同操作的，帮助高校家庭经济困难学生支付在校学习期间所需的学费、住宿费及生活费的银行贷款。国家助学贷款是信用贷款，学生不需要办理贷款担保或抵押，但需要承诺按期还款，并承担相关法律责任。借款学生通过学校向银行申请贷款，用于弥补在校学习期间学费、住宿费和生活费的不足，毕业后分期偿还"。① 2018年，全国发放国家助学贷款

---

① 全国学生资助管理中心．高等学校学生资助政策简介［EB/OL］．http：//www.xszz.cee.edu.cn/show_news.jsp?id=1217.

446.94万人，发放金额325.54亿元，占高校资助资金总额的28.30%。①

根据贷款机构属地的不同，国家助学贷款又可分为高校国家助学贷款（又叫校园地助学贷款）和生源地助学贷款。高校国家助学贷款是指由就读高校所在地的金融机构向家庭经济困难学生发放的财政贴息的信用贷款。而生源地助学贷款是指由家庭籍贯所在地的金融机构向家庭经济困难学生发放的财政贴息贷款。生源地助学贷款又可分为生源地财政贴息贷款和生源地信用助学贷款两种。前者自2004年起正式实施，贷款机构主要是农村信用社，实践中多为担保贷款。后者自2007年起实施至今，它是国家开发银行等金融机构向符合条件的家庭经济困难学生发放的，学生和家长向学生入学户籍所在地的学生资助管理中心或金融机构申请办理的，帮助家庭经济困难学生支付在校学习期间所需的学费、住宿费的信用贷款。生源地信用助学贷款学生和家长为共同借款人，共同承担还款责任。生源地信用助学贷款正逐步取代原有的生源地财政贴息贷款和校园地助学贷款，成为国家助学贷款的主流经营模式。2018年，发放生源地信用助学贷款428.59万人，发放金额311.67亿元，占国家助学贷款发放总额的96%。②

按照政策规定，国家助学贷款每人每年最高8000元，本科生最高不超过12000元，主要用于解决学生的学费和住宿费问题。学生在校期间享受财政贴息的待遇，校园地助学贷款和生源地助学贷款的还贷期限起初分别为10年和14年，目前统一调整为学制加13年、最长不超过20年。还本宽限期从2年延长至3年，还本宽限期内学生仅需支付利息，无须偿还本金。

中国的商业贷学金即指由我国商业银行自主开办的一般性商业助学贷款。按照教育部的定义，一般性商业助学贷款是指"金融机构对正在接受非义务教育学习的学生或其直系亲属、或法定监护人发放的商业性贷款；只能用于学生的学杂费、生活费以及其他与学习有关的费用。一般商业性助学贷款财政不贴息，它是国家助学贷款的有益补充"。③ 因此，一般商业性助学贷款的贷款对象不限于家庭经济困难学生，而且通常需要担保。此外，所谓"校内无息

---

①② 全国学生资助管理中心. 2018年中国学生资助发展报告 [N]. 人民政协报，2019 – 03 – 07 (018).

③ 教育部、财政部、银监会等部委. 关于助学贷款管理的若干意见 [Z]. 2000.

借款",是指由学校向学生提供的无息借款。由于商业助学贷款和校内无息借款的资助规模和资助面较小,本书不对其进行研究。

第二,奖学金。奖学金是政府、学校或其他社会组织和个人为激励学生勤奋学习全面发展而设立的经济奖励。2018 年,各类奖学金共奖励全国普通高校学生 916.84 万人次;奖励金额 250.47 亿元,占高校资助资金总额的 21.77%。①

我国高校奖学金形式多样,目前影响最大的是国家奖学金、国家励志奖学金和研究生学业奖学金。其中,国家奖学金由中央政府出资设立,用于奖励高校全日制本专科学生中特别优秀的学生。国家奖学金的奖励标准为每人每年 8000 元。按照规定,获得国家奖学金的学生为高校在校生二年级以上学生。2018 年,国家奖学金共奖励本专科生 5 万人,奖励金额 4 亿元;奖励硕士研究生 3.5 万人,奖励金额 7 亿元;奖励博士研究生 1 万人,奖励金额 3 亿元。②

国家励志奖学金是为了激励家庭经济困难学生勤奋学习,在德、智、体、美等方面得到全面发展而设立的奖学金。同一学年内,获得国家奖学金的家庭经济困难学生可以同时获得国家助学金,但不能同时获得国家励志奖学金。国家励志奖学金的奖励标准为每人每年 5000 元。2018 年,国家励志奖学金奖励本专科生 82.51 万人,奖励金额 41.26 亿元。③

2013 年 8 月,教育部、财政部专门出台了《研究生学业奖学金管理暂行办法》。新政策规定,"从 2014 年秋季学期起,中央财政对中央高校研究生学业奖学金所需资金,按照博士研究生每生每年 10000 元、硕士研究生每生每年 8000 元的标准以及在校生人数的一定比例给予支持"。2018 年,研究生学业奖学金奖励研究生 154.56 万人,奖励金额 113.59 亿元。④

第三,助学金。助学金是政府、学校、企事业单位或个人给予家庭经济困难学生的经济补助。2018 年,各类助学金共资助全国普通高校学生 965.19 万人次,资助金额 328.39 亿元,占高校资助总额的 28.55%。⑤

国家助学金是我国助学金制度的主要形式。国家助学金由中央和地方政府

---

①②③④⑤ 全国学生资助管理中心.2018 年中国学生资助发展报告 [N].人民政协报,2019 - 03 - 07 (018).

共同出资设立。中央部门所属高校国家助学金所需资金由中央财政负担。地方所属高校国家助学金所需资金根据各地财力及生源状况由中央与地方财政按比例分担。国家助学金用于资助高校全日制本专科（含高职、第二学士学位）在校生中的家庭经济困难学生。国家助学金主要资助家庭经济困难学生的生活费用开支。国家助学金的平均资助标准为每生每年2000元，具体标准在每生每年1000～3000元范围内确定，可以分为2～3档。中央高校国家助学金分档及具体标准由财政部等有关部门确定，地方高校国家助学金分档及具体标准由各省（自治区、直辖市）确定。在分配国家助学金名额时，对民族院校、以农林水地矿油核等国家需要的特殊学科专业为主的高校予以适当倾斜。2018年，国家助学金资助本专科生576.92万人，资助金额166.96亿元；资助研究生194.64万人，资助金额129.18亿元。①

第四，勤工俭学。勤工助学是指高校组织学生参加校内的助教、助研、助管、实验室、校办产业的生产活动和后勤服务及各项公益劳动，学生从中取得相应报酬的助学活动，也是高校资助育人体系的基础。勤工助学活动由学校统一组织和管理，按照"学有余力、自愿申请、信息公开、扶困优先、竞争上岗、遵纪守法"的原则，在不影响正常教学秩序和学生正常学习的前提下开展。2018年研究生"三助"岗位津贴资助138.07万人次，资助金额64.22亿元。普通高校学生参与勤工助学396.80万人次，资助金额31亿元。②

勤工助学岗位分固定岗位和临时岗位。固定岗位是指持续一个学期以上的长期性岗位和寒暑假期间的连续性岗位；临时岗位是指不具有长期性，通过一次或几次勤工助学活动即完成任务的工作岗位；校内勤工助学岗位设置应以校内教学助理、科研助理、行政管理助理和后勤服务等为主；学校后勤部门应大幅度减少雇用临时工，调整出适合学生参与管理和服务的岗位，为学生提供更多的勤工助学机会。《高等学校学生勤工助学管理办法》规定，学生参加勤工助学的时间原则上每天不超过8小时，每月不超过40小时。校内临时岗位按小时计酬，每小时酬金可参照学校当地政府或有关部门规定的最低小时工资标准合理确定，原则上不低于每小时8元人民币，2018年提高至不低于每小时

①② 全国学生资助管理中心.2018年中国学生资助发展报告［N］.人民政协报，2019－03－07（018）.

12 元。校外勤工助学酬金标准不应低于学校当地政府或有关部门规定的最低工资标准。

第五，学费减免。国家对公办全日制普通高校中部分确因经济条件所限，交纳学费有困难的学生，特别是其中的孤残学生、少数民族学生及烈士子女、优抚家庭子女等，实行减免学费政策。其中，对在校月收入低于学校所在地区居民的平均最低生活水准线，学习和生活经济条件特别困难的学生免收全部学费；对其他一般困难的学生适当减收部分学费。具体减免办法由省级教育、物价、财政部门制定。2018 年，全国高校学费减免资助 22.50 万人，减免金额 13.82 亿元。①

第六，特殊困难补助。特殊困难补助主要用于解决学生在校期间因突发状况而造成的暂时性经济困难（如学生本人或家人身患大病、重病或者遭受意外伤害，个人经济来源受到重大影响）所给予的特殊性、临时性、一次性资助。困难补助经费主要来源于学校事业收入，从学生奖助基金中支取发放，在经费使用过程中应遵守专款专用原则。国家对高校中家庭经济特别困难、无法缴纳学费的学生，特别是孤残学生、少数民族学生及烈士子女、优抚家庭子女等，实行困难补助。2018 年，全国高校特殊困难补助 146.17 万人次，资助金额 8.62 亿元。②

第七，代偿。2009 年 4 月，财政部、教育部出台了《高等学校毕业生学费和国家助学贷款代偿暂行办法》，决定从 2009 年起，对中央部门所属全日制普通高等学校应届毕业生，自愿到中西部地区和艰苦边远地区县以下基层单位工作、服务期达到 3 年以上（含 3 年）的学生，实施相应的学费或助学贷款代偿。2013 年，财政部、教育部和总参谋部共同颁布《高等学校学生应征入伍服义务兵役国家资助办法》，国家对应征入伍服义务兵役的高校学生，对其在校期间缴纳的学费或助学贷款实行一次性补偿。2018 年，全国 15.64 万名高校学生应征入伍服兵役享受国家资助，资助金额 20.72 亿元，全国 7.95 万名高校毕业生赴基层就业享受学费补偿贷款代偿，资助金额 6.61 亿元。③

师范生免费教育是指从 2007 年起，国家在北京师范大学、华东师范大学、

---

①②③　全国学生资助管理中心. 2018 年中国学生资助发展报告［N］. 人民政协报，2019 - 03 - 07（018）.

东北师范大学、华中师范大学、陕西师范大学和西南大学6所部属师范大学以及后期增加的江西师范大学和福建师范大学，实行师范生免费教育。免费师范生在校学习期间免除学费和住宿费，并补助生活费。免费师范生入学前签订协议，毕业后一般回生源所在省份中小学任教10年以上。在服务期内，可在学校间流动或从事教育管理工作。到2017年底，各大高校已累计招收免费师范生10.1万人，其中90%到中西部省份中小学任教。2018年，免费师范生改为公费师范生，服务期改为6年，当年中央部属6所师范大学师范生公费教育政策资助2.89万人，资助金额4.20亿元。①

第八，"绿色通道"。"绿色通道"是指对于家庭经济困难的大学新生，一律先办理入学手续，然后再根据经核实的学生家庭经济情况，分别采取"贷、奖、助、补、减"等不同的资助措施，确保新生都能顺利入学的政策性保障措施。目前，各公办高校已全面建立"绿色通道"制度。2018年，通过"绿色通道"入学的家庭经济困难学生125.80万人，占当年报到新生总人数的14.70%。②

二、发展型资助项目

上述资助项目均为旨在满足学生学业和生活需要的保障型资助项目。这种资助只能满足学生的基本需求，对于促进学生成长和素质发展缺乏直接的引导作用，还容易滋长"等、靠、要"思想。在这一背景下，发展型资助理念就替代保障型资助理念，成为今后学生资助工作的新发展方向。

所谓发展型资助，是指"以学生成长和综合素质发展为目标，由学生自主设定发展目标和行动计划，学校给予学生一定经费支持与指导并进行结果考核，促进学生发展目标实现的资助"。③这种资助理念和方式旨在更好地帮助贫困生顺利完成学业，促进学生树立自信自立自强的人生观，实现其人生目标和理想，同时，也能使资助资源更精准地应用于贫困生素质提升，提高资助资金的利用效率，实现资助育人的目标。

---

① ② 全国学生资助管理中心.2018年中国学生资助发展报告［N］.人民政协报，2019－03－07（018）.

③ 刘世勇等.学生激励的新视角：发展性资助［J］.湖北社会科学，2010，（11）.

随着近年来大学生就业压力的加大，大学贫困生就业引起了社会高度关注。为贫困生提供就业专项资助，有助于帮助高校贫困生成长，促进其自我造血能力，推动高校资助体系由保障型资助向发展型资助转型。因此，探讨就业资助机制的可行性和效率是精准资助研究和体系建设应有的题中之义。从广义上讲，就业资助既包括经济资助，也包括课程培训、心理辅导、就业规划等非经济资助手段。本书将以经济资助分析为重点，辅之以考察其他资助手段，进而对这种资助项目机制展开调研分析。

三、综合管理项目

上述机制均为单项资助项目机制，而资助包计划和学生资助自适应管理机制则属于综合管理机制，它们有助于缩短管理时滞，降低管理成本，实现对多种资助项目的动态协同管理。前者侧重高校学生资助的内部微观管理，以高校为主体；后者侧重外部宏观管理，以政府为主体。其中，资助包计划源自美国，它根据学生提交的资助申请精准分配资助项目组合，追踪学生财务变动情况，并相应动态调整资助计划及其额度。21 世纪以后，资助包计划被华中科技大学等高校采用。学生资助自适应管理机制系本书为应对外部经济周期波动导致学生资助供求关系变化而设计的一套自动调节机制，具有较强的探索性。最后，本书还将上述保障型资助项目、发展型资助项目和综合管理资助项目聚合形成一个高校学生资助管理系统，并将其作为今后高校和政府开展高校资助管理的基础平台。

第四节　理论基础

本书的理论基础是精准资助理论，而精准资助理论又可视为精准扶贫思想和学生资助理论相结合的下位理论。因此，本书的理论基础包括精准扶贫理论、学生资助理论和精准资助理论三类，它们分别对应宏观理论、中观理论和微观理论基础。

一、精准扶贫思想与战略

精准扶贫思想与战略是本书开展高校精准资助机制研究的宏观理论基础，其思想、理念、要求和措施等，为本书的研究提供了价值导向、政策依据和经验借鉴。

精准扶贫是粗放扶贫的对称，是指针对不同贫困区域、不同贫困农户状况，运用科学有效程序对扶贫对象实施精确识别、精确帮扶、精确管理的治贫方式。精准扶贫理论是当前中国治理贫困的重要机制和指导性思想。它从制度、政策以及模式上保证了扶贫工作的顶层设计，对实施步骤和工作方法方面也做了明确要求，确保了2020年全面脱贫大目标的成功实现。

扶贫是中国社会主义建设的重要内容，也是一项有着世界典范意义的伟大工作。改革开放以来，我国扶贫开发取得了举世瞩目的成就，走出一条具有中国特色的减贫道路。由于我国依然是一个发展中国家，因此党的十八大以来，以习近平同志为核心的党中央依然面临着严峻的减贫形势。据统计，截至2013年底，即习近平总书记最早提出精准扶贫战略之际，全国有14个集中连片特殊困难地区、592个国家扶贫开发重点县、2900多万贫困户、8900多万建档立卡贫困人口。[①] 确保农村贫困人口到2020年如期脱贫，成为全面建成小康社会的底线目标。

"精准扶贫"的重要思想最早提出是在2013年11月。针对长期以来扶贫工作中普遍存在的贫困居民底数不清、情况不明、针对性不强、扶贫资金和项目指向不准的问题，习近平总书记到湖南湘西考察时首次作出了"实事求是、因地制宜、分类指导、精准扶贫"的重要指示。2014年3月，习近平总书记参加两会代表团审议时强调，要实施精准扶贫，瞄准扶贫对象，进行重点施策。2015年，习近平总书记提出扶贫开发"贵在精准，重在精准，成败之举在于精准"。2015年10月，习近平总书记在减贫与发展高层论坛上强调，中国扶贫攻坚工作实施精准扶贫方略，增加扶贫投入，出台优惠政策措施，坚持中国制度优势，坚持分类施策，因人因地施策，因贫困原因施策，因贫困类型

---

① 邹天敬. 习近平关于精准扶贫精准脱贫的战略思想 [J]. 人民论坛, 2018 (3)：24－25.

施策，广泛动员全社会力量参与扶贫。由此，"精准扶贫"成为新一轮扶贫开发、脱贫攻坚的核心战略。

精准扶贫方略可以高度概括为"六个精准、五个一批和五个坚持"。其中，扶贫的六个精准是：扶贫对象精准、项目安排精准、资金使用精准、措施到户精准、因村派人精准、脱贫成效精准；扶贫的五个一批是：发展生产脱贫一批、易地扶贫搬迁脱贫一批、生态补偿脱贫一批、发展教育脱贫一批、社会保障兜底一批；扶贫的五个坚持是：坚持扶贫攻坚与全局工作相结合，走统筹扶贫的路子；坚持连片开发与分类扶持相结合，走精确扶贫的路子；坚持行政推动与市场驱动相结合，走开放扶贫的路子；坚持"三位一体"与自力更生相结合，走"造血"扶贫的路子；坚持资源开发与生态保护相结合，走生态扶贫的路子。此外，精准扶贫的目标是实现"两不愁，三保障"，即扶贫对象不愁吃、不愁穿；保障其义务教育、基本医疗和安全住房。中国共产党领导的政治优势和中国特色社会主义的制度优势，是精准扶贫精准脱贫的根本保障。对扶贫对象进行精准识别，实行精细化管理、精准化扶持，是精准扶贫精准脱贫的基础。区别不同情况，在对症下药、精准滴灌、靶向治疗、分类施策上下功夫，是精准扶贫精准脱贫的精髓。发挥基层和贫困户的积极性、创造性，构建政府、市场、社会协同推进的大扶贫格局，是精准扶贫精准脱贫的关键。创新形成持续发挥辐射带动作用的利益联结机制，是产业精准扶贫精准脱贫的核心。

精准扶贫思想是习近平新时代中国特色社会主义思想的重要组成部分。它是对国内扶贫开发经验的总结，也是马克思主义反贫困理论中国化和中国特色社会主义道路的又一重大创新。精准扶贫战略实施后，我国扶贫工作取得显著成效。2015年，我国提前完成《联合国千年宣言》目标，在189个缔约国中前所未有地使4.39亿人摆脱了极端贫困状态，成为全球最早实现千年发展目标中减贫目标的发展中国家，获得了国际的高度评价。① 据统计，2012～2017年，我国贫困人口减少近7000万人，相当于每分钟有26人摆脱了贫困；贫困

---

① 杨宜勇. 认识"精准扶贫"理论的内涵和世界意义［N］. 21世纪经济报道，2017-11-03（03）.

发生率由 10.2% 下降到 3.1%；贫困县数量实现了首次减少，减少了 153 个。[①]创造了中国扶贫史上的最好成绩，高度证明了社会主义制度的优越性，同时也对我国高校学生资助工作提出了精准化的新要求。

二、高校学生资助理论与精准资助理念

高校学生资助理论是高校学生资助的实践与研究成果理论化的产物。它围绕高校学生资助产生、发展和运行的全过程而展开，是一个源于实践又指导实践，并随学生资助实践发展而不断更新的相对开放的理论体系。目前，高校学生资助理论的主要内容包括：高等教育成本、学费，高校学生资助的对象及其判定，高校学生资助的主体及其责任，高校学生资助类型及其演变，高校学生资助项目及其机制，高校学生资助的财政效益、社会效益、政策效应和学生发展效益等系列理论命题与成果。上述内容为本书提供了关于高校学生资助及其项目机制的基础认知和背景知识。

精准资助理念是学生资助理论和精准扶贫理论的结合点，也是"精准扶贫"思想的延伸和应用，它体现了政府和社会各界对学生资助工作的精准化要求。随着精准扶贫战略的提出，2015 年，教育部提出了精准资助的概念。建立和完善高校精准资助机制的关键在于实现"四个精准"。"四个精准"强调助学政策精准发力，把钱用在最需要的学生身上：一是对象精准。各地、各学校要结合当地实际，研究制定家庭经济困难学生认定办法，规范认定程序，省级教育、财政部门要确定本地区的认定指导标准，高校等培养单位要制订科学具体的认定标准和资助档次，坚决杜绝"轮流受助"现象。二是力度精准。要将建档立卡等家庭经济特别困难学生作为重点资助对象，资助政策原则上按照最高档次或标准给予相应资助，确保其顺利就学。三是分配精准。各级教育部门要摸清本地区家庭经济困难学生底数，优化资助名额和资金分配机制，不搞"一刀切"，除国家政策有明确规定，各地、各校要根据受助学生贫困程度分档发放资助资金，特别是要加大对建档立卡家庭学生的资助力度，避免"平均资助"现象；应向民族院校以及以农林水地矿油核等学科专业为主、家

---

① 郭芳，曹煦. 从精准扶贫到乡村振兴——来自东中西五个县市的实践报告 [J]. 中国经济周刊，2018 (47)：14 - 18，88.

庭经济困难学生较多的高校等培养单位倾斜，并统筹考虑不同学科专业、培养层次、学生经济困难程度等因素。四是发放精准。应严格遵守规定程序、时间节点和资助标准等要求，认真开展各类资助经费评审发放工作，确保及时足额发放各类资助资金。在具体工作方式上，应通过"三个结合"加强资助育人，紧紧围绕立德树人这一根本任务，强调资助工作重在培养学生全面发展，促进受助学生成长成才：一是严格评定和人文关怀相结合。在评定家庭经济困难学生时，采用科学合理、更加人性化的方式，引导学生如实反映家庭经济困难情况。二是信息公开和保护隐私相结合。公示家庭经济困难学生受助情况等内容时，不应涉及学生隐私；宣传学生励志典型时，涉及受助学生的相关事项，应当征得学生本人同意。三是保障学业和促进成才相结合。帮助受助学生正确面对困难，加强励志教育，引导他们提高就业创业能力，让受助学生同样享有人生出彩的机会。精准资助理念为本书的研究提供了更为具体的研究目标、方向和要求。

第五节 研究方法

"学生资助含义广博，在大多数国家，所有类型的学生资助都具有政治学、社会学、经济学和教育学意义"。① 在这个意义上，本书的研究具有较强的跨学科性，在研究中综合运用了多种研究方法。主要方法包括以下几种。

第一，文献法。学生资助机制研究是一个跨学科的研究课题，需要查阅大量文献。在本书中，笔者通过查找馆藏图书、利用期刊网、搜索引擎等工具收集国内外相关文献资料开展研究，内容覆盖理论研究、政策文本和历史文献等。文献类型包括纸质文献，也包括网络文献和视听资料。本书查阅的文献包括：关于精准扶贫和精准资助的理论与实践文献；关于我国学生资助的国家政策文本和政府公报；国内外关于学生贷款和勤工俭学的研究文献；大学生就业创业方面的政策文件和相关研究；关于资助包计划的学校政策和研究文献；金融学的政策性与商业性贷款理论；财政学中关于财政补贴、公共财政支出、财

---

① 沈红等 . 中国高校学生资助的理论与实践 ［M］. 北京：中国社会科学出版社，2016：5.

政职能等方面的思想和理论；经济学中关于价格理论等方面的论述；保险学与信息经济学理论；制度经济学中关于制度分类、功能、演变与特点的论述；等等。这些文献为本书提供了必要的理论基础、分析工具和研究资料，也确立了本书的研究起点和创新点。文献研究的成果渗透在全书的各章节。

第二，调查法。调查方法是本书的重要研究方法。在本书中，笔者在探讨勤工俭学和就业资助机制时，对高校学生的勤工俭学、就业资助现状展开了专项调查。具体调查方法主要包括问卷调查法和访谈法。调查高校包括江西省数所省属重点高校和部分省外高校。这三项调查为本书的写作提供了相关资助项目的一般状况和充足的数据，是本书的主要调查基础。此外，为进一步收集学生资助的具体状况，增加对于学生资助的感性认识，笔者在三项调查的基础上，还对江西省部分高校的资助办和高校贫困生进行了多个访谈。访谈内容主要包括：学校贫困生数量、贫困生家庭的基本情况、资助不足的原因和解决方法、学生资助的财政投入情况、经济周期对学生资助供求关系的影响及其对策建议，等等。上述访谈为本书收集和探究学生资助的具体情况、机制运行和构建与完善对策提供了研究思路、研究数据和更为广阔的现实背景。这部分调研成果渗透在全书的各章节。

第三，统计测算法。数据统计与测算是本书的一项重要工作。本书运用描述性统计整理数据，反映历年高校学生资助经费、国内生产总值（GDP）和财政投入增长情况、受调查高校的学生就业状况，以及勤工俭学状况；测算学生贷款的宏观经济效益；计算国家助学贷款的回收率；测算各种学生贷款补贴的减负率和有效性；统计学生资助反周期供给机制的所需的财政投入成本和可行性；等等。主要统计工具为 EXCEL。

第四，比较研究法。比较是认识事物本质的基本方式。在本书中，比较研究主要有国际比较和群体比较两种具体方法。其中，国际比较主要应用于比较国内外各类高校学生资助项目运行状况，以探求高校学生资助的普遍规律和地区差异，凸显我国高校学生资助的现实内涵与本质特征，为我国高校学生资助发展提供国际经验借鉴。相关研究方法应用于本书的多个章节；群体比较主要应用于比较高校贫困生和非贫困生的就业状况，以此发掘贫困生就业的特点、问题与需求，为制定更为精准的贫困生就业资助机制奠定基础。

第五，历史研究法。历史研究法是借助史料进行整理、分析和破译，认识研究对象的发展历程，揭示其发展规律并预测未来的一种研究方法。本书将对新中国成立以来高校学生资助政策演变进行历史回溯，以探求资助事业价值主题的演进规律与历史经验；本书还将对各类学生贷款补贴政策的演变发展进行历史梳理，以整理学生贷款补贴的模式与体系；等等。

第六节　研究创新与不足

本书对中国高校各类资助项目机制进行了较为系统的分析。从研究视角看，本书从精准资助理念的视角出发，对我国高校的多种资助机制进行重新审视，有助于推进高校资助工作的精准度；从研究对象看，学生资助的反周期供给机制系本书独创性的设计，具有很强的探索性；高校资助机制和贫困生就业资助机制在前人研究中较为少见，本书对此进行了较为深入的分析，有助于弥补相关研究的不足，具有较强的创新性；此外，本书对国家助学贷款和勤工俭学机制的分析和调查比同类研究也更为深入具体，也具有一定的创新性。

本书涉及的资助机制种类较多，尽管作者力求将其统一在精准资助的视角下，但鉴于各种资助机制的运行方式与特点不同，本书部分内容仍不免有繁杂凌乱之处；同时，由于本书部分章节覆盖的时间范围广，引用的政策文本和数据计算甚多，可能存在某些错误；此外，本书开展的部分调查为典型案例调查，尽管作者在调查对象方面已力求保证其代表性，但由于调查面有限，可能会影响某些调查结果的一般性。

保障型资助篇

第二章

国家助学贷款的运行机制及其优化对策

国家助学贷款运行机制是本书探讨的首个资助项目机制。国家助学贷款是有偿型资助项目的代表，它覆盖面大，资助力度强，而且运行和管理也最为复杂，牵涉银行、高校、保险机构、税务机关和财政等多个部门，一直是高校学生资助体系和保障型资助项目的支柱项目，最受学界关注。因此，本书对其项目机制进行探究，不仅有助于促进国家助学贷款的自身发展，而且对完善其他资助项目的运行机制也有很强的借鉴意义，是构建和完善高校精准资助机制的基础。

国家助学贷款的运行机制包括多个方面，其中，效益发生机制、定价机制、保险机制和补贴机制是其核心机制：效益发生机制是助学贷款经济社会效益的生成机制，也是决定助学贷款功能与特征的基础；定价机制是决定助学贷款供求关系的主要机制，它体现了助学贷款的公益性，也使其在高风险低收益中运行；保险机制是分散贷款经营风险的重要机制；补贴机制是政府扶持助学贷款运行，履行公共财政职能的主要机制。这四种机制四位一体，共同决定了国家助学贷款的运行方式与效率。本章将对上述机制进行分析。

本章共分五节：第一节，国家助学贷款的效益发生机制及其优化对策；第二节，国家助学贷款的定价机制及其优化对策；第三节，国家助学贷款的信用保险机制与优化对策；第四节，国家助学贷款的补贴机制及其优化对策；第五节，小结。

第一节　国家助学贷款的效益发生机制及其优化对策

一、研究背景和主题

学生贷款是世界范围内高等教育财政体制改革的产物。高等教育是知识、资本与劳动高度密集型的行业，具有成本递增的特点。随着全球高等教育规模的迅速扩张，政府通过实施成本分担以扩大高等教育收入来源成为全球高等教育发展的一大趋势。然而，随着各国高校学费的攀升，日益凸显的高校贫困生问题已成为制约各国高等教育公平和可持续发展的一大阻碍。为克服这一问题，各国都进行了多样化的积极探索。其中，学生贷款以其减轻财政负担、可回收循环、具有更明显的公平性以及增强学生的责任感等优点，受到大多数国家和地区的欢迎。

在国际上，从 20 世纪 60 年代开始，学生贷款就作为对高等教育的一种资金支持方式而被广为采用。目前，世界上共有 70 多个国家和地区实行了学生贷款项目。按照华中科技大学沈红教授的分类，世界学生贷款方案的运行目标可以分为五类，分别为：增加大学收入；促进高等教育规模扩展；满足特定的人力资源需求；减轻学生的经济负担；社会性目标（改善均等性，增加穷人的入学机会）。由此可见，学生贷款项目的设计初衷就指向了各种社会发展目标，是一项强调公益性的贷款业务。

我国国家助学贷款自 1999 年问世起，就以浓厚的公益性和政策性色彩著称，为保障高等教育公平与发展起到了极其重要的作用。根据 2007～2008 年华中科技大学沈红教授主持的三项覆盖 10 万名师生的大型调查结果，国家助学贷款的实施不但保障贫困生入学，维持了社会稳定，而且提高了贷款学生的学习成绩和学习兴趣，增强了其参加公益活动和集体活动的积极性，有助于学生素质的全面发展，同时对学生择业产生的正面影响远大于其负面影响，使学生择业更加务实，满意度更高。[①] 总体来看，国家助学贷款的实施促进了学生

---

① 沈红等. 高等学校学生助学贷款制度实施效益的国际比较研究［R］. 教育部人文社科课题研究报告.

的入学、学习和就业，有利于社会阶层的正向代际流动。在这方面，相关研究甚多，也使得助学贷款的社会效益及其作用机理为社会各界所熟知，本书不再赘述。

但是，在经济效益方面，由于国家助学贷款利率水平较低，贷款风险相对较高，一度很受市场排斥。尽管其后国家开发银行的积极介入使局面大有好转，但由于国开行自身资金成本较低、脱胎于政策性银行的特点，并未从根本上扭转助学贷款属于"亏本"或"微利"项目的公众印象。因此，国家助学贷款常被认为是一项社会效益与经济效益不平衡的公共福利事业。多年来，这种看法为社会公众所接受，并由此确定了助学贷款的经济形象和功能定位。

然而，这种认识并不准确。从经济效益的构成来看，它一般包括微观和宏观两个层面：前者只考察个别经济单位的收益，而后者重在考察社会整体收益。对助学贷款而言，前者只考察放贷银行的利润水平，而后者则考察它对社会经济增长的拉动作用。因此，助学贷款的利润不高，只能说明其微观经济效益有待改善；但如果社会经济增长大于银行损失的话，一则社会财富仍会呈现净增长，二则也可通过财政手段来补偿银行，改善其微观经济效益。在这种补偿作用下，国家助学贷款仍不失为一种富有宏观经济效益的业务。因此，若因为盈利性弱，就断言助学贷款缺乏"经济效益"，未免有失偏颇。而判断国家助学贷款的经济效益，很大程度上取决于对其宏观经济效益的评价。然而在实践中，国家助学贷款潜在的宏观经济效益往往被其微观经济效益的表象所掩盖。基于此，本节将重点揭示国家助学贷款的宏观经济效益发生机制，以澄清对其经济功能的误判，并提出扩大其宏观经济效益的相关对策。

二、国家助学贷款的消费功能和特点

国家助学贷款对经济增长的带动作用，首先表现在它可以通过家庭经济困难学生的消费，将贷款全部转化为消费支出，从而实现 GDP 与消费的同步增长。

国家助学贷款是一种重要的消费信贷方式。消费信贷，是通过预支远期消费能力来满足即期消费需求的信贷方式。它既能使消费者通过借款增加即期购买力，提供更多的消费需求，又能使供给的时间结构同消费的时间结构相协调，弥补生产与消费的缺口。因此，它是扩大生产和消费，促进经济增长的重要手段。同样，国家助学贷款即时将经济困难学生的日后收入转化为现实购买力，既可解这些学生的燃眉之急，保障教育公平，又可直接增加当前消费，带动经济增长。而且，作为向社会贫困群体发放的贷款，助学贷款与其他拉动经济增长的方式相比，还有三个独特的功能优势。

其一，贫困生边际消费倾向高，消费时滞短。在宏观经济学中，边际消费倾向用来反映消费增长与收入增长的关系，即消费增量和可支配收入增量之比。边际消费倾向越高，则每增加的一单位收入中用于消费的比例就越大。一般来说，消费增量小于可支配收入增量，即边际消费倾向小于1。余额会以储蓄形式沉淀下来。据统计，1982～2016年，我国边际消费倾向一直徘徊在0.4～0.6之间。[①] 这意味着每增加1元收入，只有0.4～0.6元用于消费。如此低的边际消费倾向，是很不利于扩大消费的。但贫困生是个特殊群体，它收入有限，且各项支出数额不菲，故贷款将全部转化为消费，而无储蓄沉淀。其边际消费倾向接近于1，远高于其他群体。因此就启动消费的效果而言，发放助学贷款比其他增收措施（如加薪、减税）更好；同时，由于贷款主要用于缴纳当年学费，花费较快；而学校的学费收入大多也在当年用完。所以助学贷款的消费时滞短，见效快，有利于迅速扩大当前消费。

其二，促进GDP净增长，无挤出效应。挤出效应是指在资金总额不变的情况下，特定支出的增加会引起其他支出的减少，如家庭收入不变时，增加教育、住房消费，会抑制食品、医疗等其他支出，从而抵减GDP增长。相比之下，国家助学贷款资金来自银行，其消费不会影响贫困生家庭的当前消费，还有利于银行资金利用。因此，与住房商品化和扩招等方式相比，国家助学贷款带动的GDP增长均为净增长，并不会产生挤出效应。

其三，调节需求结构，促进经济增长模式转型。消费、投资和出口是经济增长的"三驾马车"。但从我国当前经济增长结构和面临的问题来看，我国经济增长过度依赖投资，时常引起经济过热和产能过剩，不利于提升经济增长质量；而片面倚重出口所带来的超额外汇储备，给国内造成了棘手的

---

① 周觉，李海松. 我国城乡居民边际消费倾向与收入关系的实证研究［J］. 价值工程，2018，37（27）：6-9.

"流动性过剩"，又使外贸政策面临空前的国际压力。因此，出口拉动型的经济增长模式也缺乏可持续性。相比之下，唯有消费需求才是经济增长的持久动力，也是经济生产的最终目的。而在内需方面，我国当前主要矛盾是收入分配不均衡，社会中下阶层购买力低下。因此，当前经济发展的关键在于启动消费，尤其是低收入阶层的消费。而助学贷款恰好有利于增加低收入群体的消费量，化解经济增长的结构性矛盾。因此，发展国家助学贷款不但可在总量上拉动经济增长，而且有利于提升增长质量，使国民经济得以健康发展。

三、国家助学贷款宏观经济效益的发生机制与效果测算

国家助学贷款不但可以通过贷款的初次消费，实现 GDP 与消费同步增长，更重要的是，随着消费的继续流转，在乘数效应（multiplier effect）作用下，GDP 还将加倍增长，进而带动就业、税收乃至投资，最终实现国民经济的全面发展。

（一）乘数效应与适用条件

乘数理论，是凯恩斯理论体系的重要组成部分，也是宏观经济学的基础理论之一。乘数理论认为，增加一定量的支出能带来比它大几倍的国民收入。而增加的倍数，就是乘数。如果增加 1 元支出，能带来 5 元收入，则乘数就是 5。所以，乘数是支出增加量和由它所引起的收入增加量之间的一定比率。乘数的大小由边际消费倾向决定，用公式可表示为：

$$K = \Delta Y/\Delta C = 1/（1 - MPC）\tag{2.1}$$

其中，K 代表消费乘数，ΔC 代表消费增量，ΔY 代表 GDP 增量，MPC 代表边际消费倾向。

凯恩斯认为，乘数的发生是社会不同部门连锁反应的结果：甲部门消费增加必然引起乙部门收入增加，这又将引起乙部门的消费增加。如此连锁影响下来，一系列生产部门的收入都会随之增加。乘数原理可通过下列事例得到说明。

假定边际消费倾向 MPC 为 0.8（即收入的 80% 将用于消费）。如果甲企业增加 10 万元购买生产资料，则 10 万元支出转入乙企业手中；乙企业会把 80%

的收入用于消费，20%用于储蓄，则丙企业就得到了8万元；丙企业仍然将收入的80%用于消费，于是又有6.4万元支出增加，这样的过程一轮一轮持续下去，直到企业可支出的钱无限趋向于零为止。这样，逐轮增加的收入合计为：

$$\Delta Y = \Delta C \ (1 + MPC + MPC^2 + MPC^3 + \cdots + MPC^{n-1}) \qquad (2.2)$$

经简化，GDP乘数增量模型为：

$$\Delta Y = \Delta C / \ (1 - MPC) \qquad (2.3)①$$

即 ΔY = 10/（1 - 0.8）= 50万元。这样，在国民边际消费倾向MPC为0.8的条件下，当支出增加10万元时，会导致国民收入激增至50万元，这就是乘数效应的作用机制。

（二）国家助学贷款的乘数效应与适用条件

在乘数效应作用下，每笔支出都可引起相当于原始支出多倍的GDP增长。但要使乘数效应充分发挥作用，还要具备以下条件：一是生产资源没有充分利用，否则支出增加只会导致价格上涨，而不会增加实际收入；二是不存在挤出效应，否则正负支出相互抵消，会削弱乘数的扩张作用；三是货币供应充足，若得不到货币供给的支持，经济增长将会受到抑制。

根据我国经济运行情况和助学贷款的特点，国家助学贷款已具备乘数效应的作用条件：其一，我国尚未达到充分就业，大量生产资源闲置。因此，GDP有潜在增长的巨大空间；其二，前面分析表明，国家助学贷款引发的GDP增长均为净增长，不会产生挤出效应；其三，近年来，我国货币供应长期宽松，M2持续高增长，因此货币供应层面不存在问题。

可见，国家助学贷款已充分具备发挥乘数效应的条件，运用乘数模型分析助学贷款的经济效益是成立的。所以，贷款一旦投放，不仅会引起初期消费的对应增长，而且最终将引起数倍于贷款额的GDP增长，然后进一步带动相关

---

① 公式（2.2）简化过程如下：已知 $\Delta Y = \Delta C \ (1 + MPC + MPC^2 + MPC^3 + \cdots + MPC^{n-1})$，$MPC < 1$

设 $y = 1 + MPC + MPC^2 + MPC^3 + \cdots + MPC^{n-1}$ (1)

则 $MPCy = MPC + MPC^2 + MPC^3 + \cdots + MPC^n$ (2)

由（1）-（2）并调整可得：$y = （1 - MPC^n） / （1 - MPC）$

由于 $MPC < 1$，则 MPC^n 趋近于0，所以 $y = 1 / （1 - MPC）$。最后，公式（2.2）可简化为 $\Delta Y = \Delta C / （1 - MPC）$。

就业、税收和后续投资的增长。因此，国家助学贷款的宏观经济效益，可从国民收入、就业、税收和投资四个方面进行估算。

四、国家助学贷款的宏观经济效益估算

据统计，2016 年，全国发放国家助学贷款发放金额 263 亿元。[①] 下面仅以 2016 年为例，对国家助学贷款的宏观经济效益进行估算。

（一）收入效应测算

如前所述，GDP 乘数增量模型为：

$$\Delta Y = \Delta C / (1 - MPC) \tag{2.3}$$

显然，GDP 增长额取决于消费增量 ΔC 和边际消费倾向 MPC。若已知消费增量 ΔC 和边际消费倾向 MPC 的值，则可推算出 GDP 增加量。根据模型 (2.3)，估算 2016 年国家助学贷款的收入效应。

（1）确定消费增量 ΔC。2016 年，国家助学贷款发放 263 亿元。假定贫困生边际消费倾向为 1，贷款发放额可假定为消费增加额，即 $\Delta C = 263$（亿元）。

（2）确定边际消费倾向 MPC。据研究测算，2016 年，全国居民边际消费倾向约为 0.43[②]，即每增加 1 元收入，只有 0.43 元用于消费，则 MPC = 0.43。

（3）运用式 (2.3)，估算 2018 年国家助学贷款贡献的 GDP 增长额：

$\Delta Y = \Delta C / (1 - MPC) = 263 / (1 - 0.43) = 461$（亿元）。可见，在乘数效应的作用下，2016 年，国家助学贷款的发放使 GDP 增长 461 亿元。

（4）确定助学贷款发放额度可拉动的 GDP 增长率。已知 2016 年全国 GDP 总值为 74 万亿元，则 2016 年国家助学贷款带动的 GDP 增长率为：R = 当期 GDP 增量/基期 GDP 总量 = 461 亿元/74 万亿元 = 0.06%。即 2006 年国家助学贷款带动的 GDP 增长率为 0.06%。

（二）就业效应测算

就业是民生之本，关系着千家万户的安定与富裕。为应对严峻的就业形

———————————

① 教育部全国学生资助管理中心. 2016 年中国学生资助发展报告 [N]. 人民日报，2017 - 03 - 01 (014).

② 周觉，李海松. 我国城乡居民边际消费倾向与收入关系的实证研究 [J]. 价值工程，2018，37 (27)：9.

势，李克强总理在十二届全国人大二次会议上所作的《政府工作报告》中指出，"就业是民生之本。坚持实施就业优先战略"。国家助学贷款能推动国民经济增长，这必将带来就业岗位的增加，缓解就业的紧张形势。

1. 就业弹性系数（employment elastic coefficient）与就业岗位增量模型。

就业弹性系数，即就业增长率和 GDP 增长率之比。在宏观经济学中，它用来反映经济增长对劳动力的吸纳能力，即 GDP 增长 1% 所带动就业增长的百分点，系数越大，吸收劳动力的能力就越强，反之则越弱。就业弹性系数 K 可用公式表示为：

$$k = （\Delta Q/Q）/（\Delta Y/Y） \tag{2.4}$$

其中，Q 为就业岗位存量，ΔQ 是其增量，Y 代表 GDP，ΔY 代表其增量。

由式（2.4）可进一步推导出就业岗位增量模型为：

$$\Delta Q = KQ（\Delta Y/Y） \tag{2.5}$$

因此，若已知 GDP 增长率、就业岗位存量和就业弹性系数，则可得到就业岗位增加量。

2. 国家助学贷款对增加就业岗位的贡献。

（1）经济增长率 $\Delta Y_L/Y$[①]。如书中测算，2016 年，国家助学贷款拉动 GDP 增长 0.06%，则 $\Delta Y_L/Y = 0.06\%$。

（2）确定就业岗位存量 Q。据统计，2015 年，全国就业岗位存量为 7.74 亿个[②]，则 Q = 7.74 亿个。

（3）推算 2016 年就业弹性系数。2016 年全国 GDP 增长 6.7%，则 $\Delta Y/Y = 6.7\%$；2016 年，新增就业岗位为 1314 万个[③]，则就业增长率为 1.7%（1314 万人/7.74 亿人）。

根据式（2.4），2016 年就业弹性系数为：

---

① ΔY_L 表示国家助学贷款引起的 GDP 增量，$\Delta Y_L/Y$ 表示国家助学贷款引起的 GDP 增长率；而 ΔY 表示全国 GDP 增量，$\Delta Y/Y$ 表示全国 GDP 增长率。这是两者的区别。

② 人力资源和社会保障部. 2015 年劳动和社会保障事业发展统计公报［EB/OL］. 人力资源和社会保障部官网，http：//www. mohrss. gov. cn/SYrlzyhshbzb/dongtaixinwen/buneiyaowen/201605/t20160530_240967. html，2016 – 05 – 30.

③ 人社部. 2016 年城镇新增就业 1314 万人超额完成任务［EB/OL］. 中国新闻网，http：//www. chinanews. com/gn/2017/03-01/8162308. shtml，2017 – 03 – 01.

$k = (\Delta Q/Q) / (\Delta Y/Y) = 1.6\% / 6.7\% = 0.245$；即 GDP 每增长 1%，就业增长 0.245%。

最后，运用式（2.5）估算 2006 年国家助学贷款带动的就业岗位增量：

$\Delta Q = K \times Q \times (\Delta Y_L/Y) = 0.245 \times 0.06\% \times 7.74$ 亿个 $= 11.6$ 万个。即 2016 年国家助学贷款为社会增加了 11.6 万个就业机会。

（三）税收效应测算

财政收入的主要来源是税收，税收增长又依赖于经济增长。既然国家助学贷款可以促进经济增长，这又必将使政府增加税收。可见，国家助学贷款不仅需要政府的投入，同样也可以给政府带来收入。

1. 税收弹性系数与税收增量模型。

在宏观经济学中，税收弹性系数用来反映税收增长与经济增长的关系，即税收收入增长率与经济增长率之比。系数越大，GDP 每增加 1%，相应税收增加就越多，反之则越少。其公式为：

$$ET = (\Delta T/T) / (\Delta Y/Y) \times 100\% \tag{2.6}$$

其中，ET 为税收弹性，T 为税收总量，ΔT 为税收增量，Y 代表 GDP，ΔY 代表其增量。

由式（2.6）可进一步推导出税收增量模型为：

$$\Delta T = ET \times T \times (\Delta Y/Y) \tag{2.7}$$

因此，若已知 GDP 增长率、税收总量和税收弹性系数，可得到税收增加量。

2. 国家助学贷款对增加税收的贡献。

（1）确定经济增长率（$\Delta Y_L/Y$）。2016 年，国家助学贷款对 GDP 增长的贡献率为 0.06%，则 $\Delta Y_L/Y = 0.06\%$。

（2）确定税收收入 T。2015 年，全国税收收入达到 11 万亿元[①]，则 T = 11 万亿元。

（3）推算税收弹性系数 ET。据统计，2016 年，我国的税收收入与上年同

① 国家统计局. 2016 年中国统计年鉴［M］. 北京：中国统计出版社：2016.

比增长 4.8％^①，则 $\Delta T/T = 4.8\%$；又已知 2016 年全国 GDP 增长 6.7%；则税收弹性系数为：$ET = (\Delta T/T) / (\Delta Y/Y) \times 100\% = 4.8\%/6.7\% = 0.71$。

由此可知，2016 年，我国 GDP 每增长 1%，税收收入增长 0.71%，表明受减税影响，税收增长慢于经济增长。

（4）运用式（2.7），初步估算 2016 年国家助学贷款带动的税收增量：

$$\Delta T = ET \times T \times (\Delta Y_L/Y) = 0.71 \times 11 万亿 \times 0.06\% = 46.86（亿元）$$

按照上述计算，2006 年，国家助学贷款的发放为国家增加了 46.86 亿元的税收。

（5）税收效益终值。考虑到助学贷款的初次消费主要是教育消费，即缴纳学费，而大学的学费收入按国家规定不需纳税，因此，还应对税收效益值进行相应调整。调整过程为：已知 2016 年国家助学贷款带动经济增长 461 亿元，扣除初次消费额，即不需纳税的学费支出 263 亿元，则实际税基额为 198 亿元，占国家助学贷款 GDP 增量的 43%，则实际纳税额 = 46.86 亿元 × 43% ≈ 20 亿元。

（四）投资效应测算

以上对国家助学贷款宏观经济效益的考察，是建立在凯恩斯的乘数理论基础上的。乘数理论认为，消费增加，国民收入将加倍增加。实际上，国家助学贷款的发放不但能通过消费使国民收入增加，而且从长期来看，收入的增加，客观上势必要求建立生产消费品的工厂和与之配套的生产轻工机械的重工业工厂，这又将导致投资和国民收入的进一步增加。这正是萨缪尔森的加速原理的作用。

1. 加速原理与投资加速增量模型。

萨谬尔森的加速原理进一步发展了凯恩斯的乘数理论。加速原理认为，不但消费会使国民收入加倍增加，而且随着收入的增加，又将刺激投资增加，从而再次推动经济增长。因此，国家助学贷款的发放不仅会刺激消费，而且还可能通过消费的传导，带动相关投资的回升，从而使经济形成螺旋式上升。

① 赵建华. 2016 年中国税收收入增长 4.8% ［EB/OL］. 人民网，http：//finance. people. com. cn/n1/2017/0112/c1004-29019560. html，2017 − 01 − 12.

在加速原理中，加速系数代表资本增量和产量增量之比，表示收入变动对投资的影响，即每增加 1 元钱的 GDP，需要投资几元钱。加速系数用公式表示为：

$$W = \Delta K / \Delta Y \tag{2.8}$$

其中，W 为加速系数，K 为固定资本，ΔK 为其增量，Y 代表 GDP，ΔY 代表其增量。

由式（2.8）可进一步推导出投资的加速增量模型为：

$$\Delta K = W \times \Delta Y \tag{2.9}$$

2. 国家助学贷款对增加投资的长期影响。

据经济学家吴敬链早年的估算，"十五"期间的加速系数约为 5[①]，即 GDP 每增加 1 元钱，投资至少需相应增长 5 元。若按这一数值计算，2016 年，国家助学贷款使 GDP 增加 461 亿元，按投资加速增量模型计算，在加速原理作用下，相关投资至少还可增加 2305 亿元。当然，加速原理充分作用的前提是没有产能过剩。而目前中国多数消费品和生产资料都供过于求，产能过剩已成为经济发展的主要矛盾之一。因此从短期来看，国家助学贷款引发的需求扩张只会促进生产能力利用，而无法起到增加投资的作用，但从长期来看，待供给侧改革使生产能力充分消化后，国家助学贷款的发放还可引起投资增长，从而进一步推动就业、税收和国民经济发展。

以上对国家助学贷款宏观经济效益的估算，是建立在静态乘数基础之上的，这也是国际上通行的计量方法。所谓静态乘数，是指不考虑效应时滞的乘数。对本研究而言，引入静态乘数，即假设乘数效应可在 2016 年当年完成。但实际上，乘数效应的充分实现存在时滞，因而有可能超出预定时间范围。因此，上述经济效益值可视为一种理论简化值；并且，这种理论简化值又比较贴近实际值。首先，由于助学贷款消费时滞短，以及边际消费倾向的稳定性，因此，即便产生了效应跨期现象，上述乘数值和收入效应估算值仍将保持不变；其次，由于经济发展的内在稳定性，就业结构和税制具有刚性，所以就业和税收的弹性系数通常也相对稳定，因此，实际的就业和税收增量值通常不会偏离

① 吴君强. 吴敬琏称中国增量资本产出率达到危险水平［N］. 中华工商时报，2006 - 04 - 18.

估算值太远。所以，本书的估算结果仍然是具有参考意义和实用价值的。

五、研究结论与政策建议

需要指出的是，上述关于国家助学贷款的宏观经济效益测算是一种理想状态下的理论测算，在实际生活中的实际效应可能会有种种误差，但有一点是可以确定的，那就是：国家助学贷款尽管具有一定的公益性，但对经济发展同样具有推动作用。尤其在当前消费萎缩，低收入阶层购买力短缺的背景下，助学贷款对于启动消费，促进国民经济协调发展，更有着"四两拨千斤"的作用，因此，助学贷款不仅具有伦理范畴的公平价值，还具有经济范畴的投资价值。如果仅因为助学贷款目前的低利润就否定其经济效益，甚至将公益性与经济效益对立起来，无疑是短视和狭隘的，更是对助学贷款完整功能的损害。

传统的助学贷款效益观只见其投入，却无视其宏观经济产出，从而低估了助学贷款的经济价值，更影响了政府和银行对助学贷款的参与热情和投入。今后我们应树立起助学贷款"社会效益和经济效益俱佳"的观念，完善贷款经营机制，建立与其经济社会功能相适应的财政金融政策，加大对国家助学贷款的扶持力度，促使其经济社会效益得到更好的发挥。

首先，助学贷款的经济社会效益水平是建立在充足的贷款规模基础上的。目前，我国高校助学贷款已基本实现"应贷尽贷"，但在贷款实施过程中，依然存在贷款额度偏低、利润不高、部分学生无力履约、没有实现全覆盖等问题。所以，今后还应进一步完善助学贷款经营机制，改善其经营状况，以保障国家助学贷款长期可持续发展。其次，目前助学贷款主要面向高校学生发放，今后在有条件的情况下，可以试点向中等职业教育普及，以惠及更多学子，也使助学贷款的经济社会效益进一步提升。

此外，政府应加大对国家助学贷款的补贴力度。据统计，2016 年，全国财政实际支付贴息 26 亿元①，而 2016 年助学贷款发放就使财政增收 20 亿元，基本上可以覆盖政府的贴息支出。而且，2016 年贷款发放带来的税收增长是发生在经济下行和减费降税的特殊背景下的。在多数年份，助学贷款引致的税

---

① 教育部全国学生资助管理中心.2016 年中国学生资助发展报告［N］.人民日报，2017 - 03 - 01 (014).

收增长数量应该会更多。所以，从财政收支平衡和公共财政责任的角度看，相关财政投入尚有很大的上升空间。因此，政府今后可根据"以盈定补"的原则，用财政资金"反哺"助学贷款，以扩大贷款发放规模，进一步提升其经济社会效益。从补贴方式看，若政府能将部分税收收益补贴银行，银行收益将大有改观，助学贷款的微观经济效益也将得以提升，提高银行参与学生贷款事务的积极性。

第二节　国家助学贷款的定价机制及其优化对策

利率是学生贷款的价格，是决定学生贷款供求关系和运行状况的关键环节，对高等教育资助的发展具有重要的影响。从一般贷款产品的利率定价原则看，贷款利率水平本应与贷款风险和成本动态匹配，然而，国家助学贷款的利率定价却并不遵循这一原则。1999 年，《关于国家助学贷款的管理规定》第十八条规定，"国家助学贷款利率按中国人民银行的法定贷款利率执行"；2008年，《关于大力开展生源地信用助学贷款的通知》第四条再次强调，"生源地信用助学贷款利率执行央行同期公布的同档次基准利率，不上浮"。中国学生贷款执行基准利率，其实质是利率管制（interest rate control）。金融学理论认为，利率管制在特定情况下可以保障金融市场的稳定，但也会扭曲资金价格，与优化资源配置，保障资金供给有着明显的矛盾。那么，中国学生贷款的利率定价机制可能对中国学生贷款的发展会产生哪些影响，又该如何评价和调整这一政策？我们可以通过国际比较来深化对这一问题的认识。

一、20 世纪世界学生贷款的低利率

自 20 世纪 60 年代起，作为一种高等教育资助方式，学生贷款就以其减轻纳税人负担、可回收再循环、更加公平以及可增强学生责任感等功能，成为世界高等教育资助体系的主体。从理论上讲，一个理想的学生贷款方案至少应满足高覆盖率、高回收率、低违约率三个条件。而这三个条件能否得到满足，又都与学生贷款的利率定价有关。

从世界学生贷款的实践看，学生贷款的利率水平通常与学生贷款的覆盖

率、回收率和违约率正相关。其原因在于：在同等条件下，学生贷款利率越高，资金越容易保值和增值，资金回收率就越高，贷款机构也越愿意放贷，进而提高贷款覆盖率。但同时，高利率又会加重学生还贷负担，增加违约率。[①]这导致了学生贷款利率定价的"两难困境"：高利率会增加违约率，违背贷款的公益性；低利率虽可降低违约率，但又不利于保障学生受助机会和贷款回收。因此，学生贷款的定价历来是学生贷款发展中的难点，也是解读学生贷款发展困境的一把钥匙。决策者只有从实际情况出发，在权衡利弊的基础上才能做出正确抉择。

目前，世界学生贷款的利率水平由高到低可分为五个档次（见表2－1）。相应的，这些贷款也可分别称为"无息贷款"（interest free loans）、"无实息贷款"（no real interest loans）、"低息贷款"（low interest rate loan）、"市场最惠利率贷款"（market prime interest rate loan）、"市场利率贷款"（market interest rate loan）。在上述五种贷款中，无息贷款不计任何利息，而无实息贷款的利率通常与消费指数挂钩，只能保障资金的原有价值。对于这两种贷款，贷款机构无利可图，是典型的低利率贷款，通常由政府出资，面向贫困学生发放。而低息贷款、市场最惠利率贷款和市场利率贷款具有一定的盈利性，可称之为高利率贷款，通常由商业贷款机构出资，资助对象更为广泛。

表2－1 学生贷款利率情况对比

利率	说明	贷款计划（地区）
市场利率（market interest rate）	与普通消费贷款利率相似，盈余等于正常商业贷款利润	各国商业助学贷款
市场最惠利率（market prime interest rate）	略低于市场利率，盈余略低于市场利率贷款	丹麦的国家担保贷学金、美国大学生家长贷学金
低息利率（low interest rate）	低于市场最惠利率，高于通货膨胀率，贷款机构略有盈余	美国斯泰福贷学金

---

① 从逻辑的角度看，学生贷款的高利率会增加回收率，进而提高回收率，但同时高利率引起的违约率上升又会降低回收率。因此，学生贷款的利率水平与回收率的关系是或然的。但经验研究表明，回收率主要取决于由利率水平决定的偿还率，而不是贷款违约率，因为学生贷款违约率虽然高，但真正的违约损失率（loss given default）却并不高，因而对回收率影响不大。如在翟德曼和艾尔布莱特的研究中，世界学生贷款的平均违约率约为57%，回收率为39.25%，表明利率水平造成了43%的资金无法回收，而贷款违约和管理成本（一般约10%）总共只造成了近17%的资金无法回收。所以在一般情况下，利率水平对回收率的影响远大于违约率，高利率会引起高回收率。

续表

利率	说明	贷款计划（地区）
无实息利率（no real interest rate）	利率接近于通货膨胀率，只能保持本金原有价值	瑞典无实息贷学金（1989）、英国贷学金（1990）
无息利率（free interest rate）	不计利率，本金必然贬值	日本借贷奖学金

资料来源：张民选. 理想与抉择：大学生资助政策的国际比较［M］. 北京：人民教育出版社，1998.

20 世纪的世界学生贷款大多执行低利率政策。60 年代的早期学生贷款大多是无息贷款，如丹麦、瑞典、日本、哥伦比亚等国都如此。[①] 80 年代以后，由于许多国家都出现了持续的通货膨胀，各国不得不改用有息贷学金，从而增加贷款计划的财务可持续性。但由于利率水平过低，多数学生贷款项目仍无法保住资金的原有价值。

20 世纪 80 年代，美国的布鲁斯·约翰斯通（Bruce Johnstone）教授率先对学生贷款的利率水平展开了研究。约翰斯通教授的研究方法是：首先考虑还款利率和贴现率，计算出还款贴现值和贷款贴现值。若所有获贷学生都能按时还款，则还款贴现值与贷款贴现值的比率即贷款偿还率，而贷款回收率为还款现值减去贷款拖欠和管理成本后与贷款现值的比率。可见，贷款偿还率既是影响回收率的重要因素，也可以反映出利率水平能否补偿资金的原有价值。布鲁斯·约翰斯通教授的研究表明，由于欧美各国的偿还贷款方案和贴现率不同，贷款偿还率有较大的差别。如贴现率为 8% 时，美国的偿还率为 85.36%，瑞典的是 51.41%，而联邦德国的偿还率最低只有 29.69%。[②] 随后，世界银行也委托美国学者伍德霍尔（Woodhall）对拉美 12 国的学生贷款利率进行调查。调查结果显示，各国学生贷款利率上限都远低于普通贷款的利率水平。其中，阿根廷的学生贷款利率上限仅为 4%，而该国的工商业贷款利率水平却高达 22%，是学生贷款利率的 5 倍多。[③] 可见，在 20 世纪 80 年代，无论是欧美发达国家，还是拉美发展中国家，学生贷款的利率水平都是较低的，无法实现贷

---

① 张民选. 理想与抉择：大学生资助政策的国际比较［M］. 北京：人民教育出版社，1998：171.

② D. Bruce Johnstone. Sharing the Costs of Higher Education Student Financial Assistance in the United Kingdom，the Federal Republic of Germany，France，Sweden，and the United States［M］. New York：the College Board，1986：170.

③ 张民选. 理想与抉择：大学生资助政策的国际比较［M］. 北京：人民教育出版社，1998：174.

款资金价值的补偿。

到了 20 世纪 90 年代，世界银行专家翟德曼（Ziderman）与艾尔布莱特（Alhrecht）也对欧美与亚非拉 24 国（地区）学生贷款的偿还率、回收率和隐性补贴率进行了研究。研究表明，24 国的学生贷款项目的利率水平均低于市场利率与贴现率。其中多数学生贷款的偿还率为 40%～60%，平均贷款偿还率为 57%，偿还率中位数为 55%，即近半数资金不用偿还。其中，委内瑞拉的学生贷款偿还率只有 7%，即 93% 的贷款实际上不需偿还。这一研究表明，20 世纪 90 年代的世界学生贷款利率水平仍然是偏低的，多数介于无息利率和无实息利率之间。[①]

二、20 世纪低利率学生贷款的发展困境

既然在 20 世纪世界学生贷款中，低利率是一种普遍现象，那么低利率学生贷款的普遍性是否意味着其合理性呢？其答案是否定的。

学生贷款执行低利率，其动因是通过低利率给予学生隐蔽的利率补贴（interest subsidies），从而减轻学生还贷负担，降低贷款违约率，保障学生贷款的公益性。然而正如前面所述，过低的学生贷款利率必将导致贷款回收率的低下，影响学生贷款的财务可持续性。在翟德曼和艾尔布莱特教授的研究中，学生贷款的平均贷款回收率仅为 39.25%，回收率中位数为 40%，只有 6 个国家贷款回收率超过了 50%。这种在学生贷款利率上大手笔的"惠民政策"，看似有利于教育资助，实则缺乏理性，很容易使学生贷款因隐性资助过多而陷入困境，根本不具有财务可持续性。[②] 如肯尼亚的学生贷款由于贷款利率过低，偿还率只有 30%，再加上贷款管理成本和贷款拖欠，其回收率只有 -3%。这意味着按现值计算，政府不仅没有回收贷款，还倒贴了一部分拖欠和管理成本。这引起了应该实行学生贷款，还是发放助学金的争论。亚洲的情况也是如此。泰国在 1996～2006 年，学生贷款利率只有 1%，还款年限却长达 17 年。在这

---

① 张民选. 理想与抉择：大学生资助政策的国际比较 [M]. 北京：人民教育出版社，1998：173.

② Ziderman，A. & Alhrecht. Financing Universities in Developing Countries [M]. The Washiton DC：The Falmer Press，1995：70－74.

一利率下，泰国学生贷款的偿还率只有 20%；若再考虑贷款损失、管理成本等，回收率只有 6% ~8%，从纯财务角度看，仅比助学金略好一点。① 由于原贷款计划难以为继，泰国政府只得于 2006 年实施新的"按收入比例还款 + 津贴型"贷款计划。贷款采用无实息利率（最高不超过 5%），仍未从根本上革除利率过低的弊端。一年后，改革宣告失败。②

在 20 世纪世界学生贷款实践中，利率过低也影响了贷款机构积极性，造成了资助受益面严重萎缩。如拉丁美洲和加勒比海地区的一些贷款项目，贷款仅能满足 1% ~3% 的学生需要；在偿还率只有 30% 的委内瑞拉，其资助覆盖面甚至不足 1%；而同一地区的哥伦比亚，由于利率相对较高，资助覆盖面约为 10%，明显高于其他拉美国家。③ 在亚洲，日本由于以前推行"无息贷学金"，资助面仅为 11%，增设"有息贷学金"后，资助面迅速扩大到 19%。④ 因此，学生贷款的低利率对资助面的不利影响是普遍的，并不会因地域和国度有所改变。

可见，20 世纪低利率学生贷款的普遍性，并不能表明其合理性，相反这正是 20 世纪世界学生贷款市场的重要不足，这也可以解释学生贷款为何曾在多个国家都遭遇了波折和坎坷。

三、部分低利率学生贷款成功运行的原因

在低利率学生贷款项目中，也有少数成功的案例。那么，这些成功案例的原因何在呢？据学者张民选（1998）的研究，无息贷款和无实息贷款由于利率最低，其运作成功的条件也最为严格。除了国家财力雄厚，能承担其巨大的经济损失之外，还必须满足四个条件：学生人数少，或资助面窄；本币币值坚

---

① Adrian Ziderman. Student Loans in Thailand：Are They Effective，Equitable，Sustainable？［M］. UNESCO-Bangkok/IEEP，2003：71 – 80.

② 孙涛，沈红. 泰国高等教育助学贷款改革：基于实践的探讨［J］. 高教探索，2008（1）：75 – 78.

③ 马经. 助学贷款国际比较与中国实践［M］. 北京：中国金融出版社，2003：97，101.

④ 张民选. 理想与抉择：大学生资助政策的国际比较［M］. 北京：人民教育出版社，1998：253.

挺；较好的高等教育社会回报率；贷学金完全由政府管理。① 如美国"帕金斯贷学金"的利率水平全美最低（近十年来约为 5% 左右），介于无息贷款和无实息贷款之间，但它由政府提供资金，利率补贴和贷款风险也由政府承担，资助对象、资助面和总规模又很有限（贷款对象仅仅限定为家庭经济困难学生，2003～2004 学年占联邦学生贷款预算总额的比例大约为 1.5%②），所以可以保证其稳定运行。可见，即便是发达国家，低利率贷款也具有明显的局限性。只不过由于市场相对成熟，贷款品种多样，所以少数低利率贷款才没有从根本上动摇学生贷款市场的根基。

中国的国家开发银行助学贷款的成功经验也与此类似。从利率定价机制看，贷款利率水平本应与贷款风险和成本动态匹配，然而，中国学生贷款的利率定价执行中央基准利率，禁止上浮。从我国通货膨胀率看，其利率水平颇类似于无实息利率，是典型的低利率贷款。这种定价机制有助于减轻学生还贷负担，保障了国家助学贷款的公益性特征，但也会扭曲资金价格，与优化资源配置，保障资金供给有着明显的矛盾。但无论是国开行校园地助学贷款，还是生源地信用助学贷款，目前都运行得相对顺畅。其原因主要在于：第一，国开行的定位比较特殊。国开行介入国家助学贷款初期系政策性银行，其业务经营主要是依托国家信用以低成本获取资金，同时以财政补贴和政府隐性担保为后盾，因此它在低利率的条件下经营助学贷款，仍能实现"双轨套利"。2008 年国开行启动了商业化转型，但由于其商业业务基础薄弱，以及政策性业务的需要，国开行今后将定位于"兼营政策性业务和商业性业务的综合性、商业化运作金融机构"。这种"一行两制"的属性既能拓宽其经营范围，又能充分发挥其作为政策性银行的优势。同时，国开行的融资仍将得到政府扶持，原有政策性业务仍享受国家信用支持、财税优惠政策，从而免受国开行转型的冲击。因此，国开行助学贷款成功的重要原因是国家扶持和低资金成本优势。第二，中国的助学贷款政策经过多年不断完善，无论是风险补偿金的实施，还是生源

---

① 张民选. 理想与抉择：大学生资助政策的国际比较 [M]. 北京：人民教育出版社，1998：171.

② Federal Student Aid. The Student Guide 2005—2006 Financial Aid from the U. S. Department of Education [P]. Washington DC：US Government，2005：14－17.

地信用助学贷款模式中父母列为共同借款人、委托地方政府进行日常管理等方式，政府、高校和家庭实际上都共同参与分担了贷款风险和管理成本。换言之，国开行助学贷款运行得相对稳定，也恰恰是建立在各方合力扶持，降低了贷款风险的基础上的。

虽然目前国开行助学贷款运行状况较好，但其经营模式一旦遇到高校抵制，或失去政府财政支持，或由于某些因素使贷款风险上升，届时由于利率过低，可能立即会导致贷款供给不足。在这个意义上，低利率对于国开行助学贷款的长期运行也是一种隐患和不利因素。

可见，即便是成功的低利率学生贷款项目，也是建立在政府强力支持等一系列条件基础上的，其经验难以为普通贷款机构所借鉴。20 世纪，世界学生贷款之所以普遍执行低利率，其主要原因不外乎两种情况：其一是由于认识上的误区所致，即把学生贷款的公益性与"低利率"混为一谈，这种情况在发展中国家比较常见；其二是政治压力团体和选民政治的作用结果，这在发达国家比较常见。当然，由于发达国家的市场经济较成熟，贷款风险小，资助体系健全，所以低利率并未造成明显的资助不足，而发展中国家由于不具备上述条件，其弊端就体现得更为明显。

四、世界学生贷款利率的发展趋势与解读

由于低利率学生贷款的弊端，进入 21 世纪以后，许多国家已放弃了低利率贷款，或严格控制其资助规模，转而采用高利率贷学金。尤其是利率水平仅略低于市场利率的"市场最惠利率贷学金"，由于其资金回收率更高，又具有一定的公益性，所以它"越来越受到发达国家和亚太地区新兴工业国家学生和社会的欢迎"。[①] 其中，最有代表性的是由商业银行出资的美国斯泰福贷款，它的利率略低于市场利率（不高于 8.25% 即可），又有政府担保，所以成为美国覆盖率最高的联邦学生贷款项目，资助对象为所有"有经济资助需要的学生"，2003 ~ 2004 学年，斯泰福贷款约占联邦学生贷款预算总额的 85%，联邦学生资助预算总额的 60%。

---

① 张民选. 理想与抉择：大学生资助政策的国际比较 [M]. 北京：人民教育出版社，1998：175.

世界学生贷款利率水平的提高改善了学生贷款的财务可持续性。2007年，翟德曼教授和沈华再次考察了39个国家和地区的44个学生贷款方案，研究结果显示，39个国家和地区的平均偿还率为60.85%，偿还率中位数为64.63%，均高于翟德曼教授20世纪90年代的研究结果（平均贷款偿还率为57%，偿还率中位数为55%）。在贷款违约率和管理成本不变的条件下，这又必然会提高贷款回收率，增强贷款计划的财务可持续性。此外，世界学生贷款利率水平的提高还引起了资助面的扩张。其中，印度的案例较为典型。印度1963～1991年实施的国家贷学金计划实行免息政策，再加上管理体制混乱等原因，导致资助人数不超过2万人，生均贷款额度在720～1750卢比，贷款计划于1991年宣告失败。2001年印度实行了新教育贷款计划，将贷款利率提高至基准利率以上，再辅之以其他配套措施，迅速引起资助面扩大。截至2005年6月底，印度助学贷款总获贷人数达到10万人，比1991年增加5倍。在印度国内求学和国外留学的学生可以获得的最大贷款额分别为75万卢比和150万卢比。[①]

世界学生贷款由低利率走向高利率，不仅是应对学生贷款发展困境的需要，同时也是理论逻辑的必然要求。分析后不难发现，利率定价决策的实质，无非是在保障资助面与降低违约率这两大贷款运行目标之间的权衡问题。[②] 而在这两大运行目标中，保障资助面应是主要目标。其原因在于以下几个方面。

首先，从两大目标的重要性看，保障资助面与实现高等教育公平的关系更为直接，资助面的大小直接关系到学生能否入学，若资助面过小，则意味着大量学生将失学，高等教育公平也就无从谈起；而降低违约率更多关系到贷款机构的利益，与高等教育公平的关系相对间接。所以在目标排序上，保证学生受助机会应是第一步，降低违约率是第二步。

其次，从两大目标的相互关系看，是先有贷款学生，后有减负对象，减负的意义受到资助面的制约。正所谓"皮之不存，毛将焉附"，若获贷学生寥寥

---

① 孙涛，沈红. 印度高等教育助学贷款的改革与启示 [J]. 教育研究，2009 (7)：94 - 99.
② 从理论上看，学生贷款有高覆盖率、高回收率、低违约率三个运行目标，因此利率定价是三个目标的利弊权衡问题。但一般来说，学生贷款的覆盖率与回收率高度正相关，即高回收率引起高覆盖率，高覆盖率反映高回收率，所以利率定价的利弊权衡可以忽略回收率因素，只需重点考虑资助面和违约率两个目标。

无几，减负和降低违约率的意义将大打折扣。因此，降低违约率应建立在资助充足的基础上。更何况对经济困难学生而言，获得贷款是解"燃眉之急"的"雪中送炭"，减轻还贷负担只是"锦上添花"的长远之计，孰轻孰重，不难判断。而且，减负和降低违约率是为了促进学生贷款"可持续发展"，但倘若学生贷款规模萎缩，又何谈创造还贷条件，实现学生贷款的"可持续发展"？再进一步看，减轻还贷负担可以通过多种手段实现，压低利率并非唯一的可选项。例如，我国 2015 年作出了延长助学贷款还贷年限的关键性政策调整后，学生的还贷负担就有了很大的改善；此外，还可以通过拓宽代偿政策资助面的方式，减少部分学生的还贷负担。

最后，从运行目标的实现方式看，提高学生贷款利率是现阶段保障资助面的主要手段，而减轻还贷负担、降低违约率可以通过健全信用机制、增加贴息、延长还贷年限等多种方式来实现。因此，扩大资助面对学生入学和实现高等教育公平更重要。所以，要推动世界学生贷款的发展，扩大资助覆盖面，提高利率水平是一条重要的思路。这也是世界学生贷款由低利率走向高利率的原因所在。

五、国家助学贷款定价机制的优化对策

通过前面的研究，可以得出以下结论。

第一，学生贷款定价是一个"两难问题"：高利率会增加学生还贷负担和违约率，低利率又会降低回收率和贷款覆盖率，所以学生贷款定价必须从实际情况出发，在权衡利弊的基础上才能走出困境。

第二，学生贷款的低利率是一个世界性的普遍现象。研究表明，20 世纪的多数学生贷款项目执行低利率，但这不可避免地导致了资助面的萎缩和回收率的低下。而少数低利率学生贷款的成功也是建立在诸多严格条件基础上的，其经验难以为普通贷款机构所借鉴，因此 20 世纪低利率学生贷款的发展往往陷入困境。

第三，当前的世界学生贷款已呈现出提高利率水平的普遍趋势。这不仅是应对世界学生贷款发展困境的必然选择，同时也合乎学生贷款运行目标中的"受助优先"要求。只有这样，才能最大限度地兼顾学生贷款运行的公平与

效率。

应用上述结论，可以对以往研究中一些有争议的问题作出回答。由于国家助学贷款的隐性补贴率略低于世界平均水平，[①] 不少研究者提出，应适当降低贷款利率水平，以此减轻学生还款压力。应该说，这一观点看到了我国助学贷款还贷负担重的特点，因而提出增加补助力度，是有一定道理的。但是，它混淆了政府财政责任与贷款机构经营责任的区别，即减轻学生负担应是政府的职责，而不是商业贷款机构的责任。事实上，现行国家助学贷款的利率水平已低于市场利率，从而对贷款机构和资助面造成了不利影响，形成了所谓"获贷难"问题。如果再进一步压低贷款利率水平，学生获贷将更加困难，这显然与助学贷款初衷是相悖的。因此，要减轻学生还贷压力，不如进一步增加财政贴息力度，这样既可以减轻还贷负担，保障学生贷款的公益性，也不会影响贷款机构积极性。

应用上述结论，也可以对中国学生贷款的定价提出政策建议。根据沈华的研究，若所有国家助学贷款的获贷学生全部如期还款，其偿还率约为65.35%。[②] 这表明中国学生贷款介于无息贷款和无实息贷款之间。显然，在这一利率水平下，除了国开行之外，普通贷款机构是无利可图的。因此，今后国家助学贷款的经营可考虑采用差别利率的办法。国开行在享受财政扶持的条件下，可按目前的利率水平经营助学贷款，至于其他普通商业银行，应允许它们根据与国开行的资金成本差来适当上浮利率水平。

第三节　国家助学贷款的信用保险机制与优化对策

国家助学贷款是我国高校学生资助体系的主体，对维护高等教育公平具有重要的作用。由于大学生就业压力大，流动性强，助学贷款风险一直比较大，商业银行往往对助学贷款缺乏积极性，一度产生惜贷乃至停贷现象，严重影响了助学贷款的发展。为解决助学贷款风险过高的问题，市场亟须建立一套完整的风险管控长效机制，科学合理地实现还贷风险的转移和分担，从而解除商业

---

①② 沈华，沈红．国家助学贷款回收和偿还效率的计量分析 [J]．北大教育评论，2008 (10)．

银行的后顾之忧。针对新的市场需求，2008 年，华安保险公司率先推出了助学贷款保险业务（又叫"学贷险"），当贷款学生不能按期还贷时，由保险机构先赔给银行后再向大学生追偿，信用保险助学贷款试点就此展开。试点当年，华安保险公司承担保险责任就达 2 亿元，承保学生达 3 万多人。[①] 此后，助学贷款保险被应用于校园地贷款和生源地贷款，并在甘肃、辽宁、河北、山东、黑龙江、四川、重庆、福建、安徽等十多个省市试点，受到了各地贫困生、高校和银行的欢迎。然而，在现有研究中，对于助学贷款信用保险的研究并不多见。基于此，本书将对其运行机制和缺陷进行探讨。

一、国家助学贷款信用保险的运行机制与作用

如何防范贷款风险一直以来就是助学贷款发展中必须解决的首要问题。2006 年 6 月，云南华安保险公司推出了学贷险，迈出了引入商业保险机制化解风险第一步。2007 年 8 月，央行发布《关于做好家庭经济困难学生助学贷款工作的通知》，鼓励银行业金融机构"加强与保险机构合作，探索将保险引入助学贷款业务的新途径，有效转移和防范助学贷款风险"，推动了助学贷款保险的发展。在此后的云南试点中，地方政府通过政策创新，允许保费可用于风险补偿金支付（此前风险补偿金只能"专款专用"），打破了助学贷款保险发展的最大掣肘，助学贷款保险开始快速发展。

助学贷款保险的运行机制为：银行用风险补偿金向保险机构投保，若贷款学生出现违约行为，则保险机构向银行偿还贷款，保险机构再向大学生追偿。贷款保险的保障范围有三项：一是借款学生身故；二是借款学生全部或大部分丧失劳动能力；三是借款学生连续 6 个月未完全履行还款业务。上述情况出现时视为保险事故发生，保险机构履行保险责任。此外，为进一步分散贷款风险，华安保险公司还与中国再保险集团、韩国再保险集团签订了学贷险业务的分保合同，两家公司共承担了学贷险 40% 的赔付风险。[②] 在助学贷款保险的作用下，传统的国家助学贷款转化为信用保险助学贷款，基本模式如图 2 - 1 所示。

①　仝春建. 保险能否让助学贷款不再尴尬 [N]. 中国保险报，2009 - 04 - 30.
②　刘继成. 银保合作能否化解助学贷款困局 [N]. 中国青年报，2007 - 08 - 22.

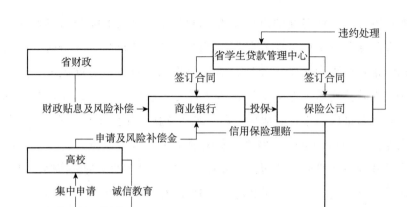

图 2 - 1　信用保险助学贷款流程

从图 2 - 1 中可以看出，信用保险助学贷款基本沿用了普通助学贷款的操作模式，但两者的差别在于：普通助学贷款的参与主体是政府、高校、金融机构，信用保险助学贷款则增加了商业性保险机构；风险补偿金用途上，普通助学贷款规定专款专用，用于补偿银行放贷损失，信用保险助学贷款则可用于交纳保险费；普通助学贷款的风险管控机构是金融机构，信用保险助学贷款则增加了商业保险机构。当然，信用保险助学贷款与普通助学贷款相比，其最大的差别在于：以前学生贷款发生违约形成的"呆坏账"都由贷款银行自己承担，现在有了保险机构参与，银行的贷款风险可转嫁给保险机构。

助学贷款保险机制明确了"学生不还贷，保险公司来买单"的做法，是对传统助学贷款经营模式的一大创新，其优势主要体现在以下四个方面。

第一，增加助学贷款供给。在助学贷款保险机制作用下，建立了多渠道分担的风险管控长效机制，贷款风险可转移给保险机构，从而解除银行的后顾之忧，提高其放贷积极性。助学贷款保险实施后，在云南、江苏、辽宁等多个试点省份，原本陷于停滞的助学贷款出现大幅度增长，就是一个例证。

第二，避免助学贷款的周期性波动。以往的助学贷款供给的一大局限性在于：贷款供给规模会随经济周期波动——经济萧条期间，贫困生增加，助学贷款需求上升，同时由于贷款风险加大，贷款供给反而越小，助学贷款供求矛盾加剧。而在助学贷款保险新模式下，贷款风险及时被分散，从而起到了稳定贷款供给，"削峰填谷"的均衡作用，避免了经济萧条时期助学贷款供给的骤减，对于保障贫困生入学起到"雪中送炭"的作用。

第三，充分利用保险机构的风险管控专长。保险公司是专业的风险经营机构，它不但分支机构遍布全国，有利于异地催收，提高贷款回收率，而且具有丰富的风险管理经验和专业化团队，比银行更善于管控贷款风险。在现行的操作模式下，保险机构的职能除了风险承保之外，还覆盖了贷前材料收集、贷中跟踪和诚信教育、贷后集中管理等各个环节，从而成为贷款风险的重要管控者，有利于降低贷款风险和追偿成本。事实表明，保险机构介入后，许多省份的贷款违约率已有所降低。①

第四，发挥保险机构的社会管理职能。现代保险的一大重要功能是参与社会管理。而助学贷款保险的推出有助于促进助学贷款发展，在不增加政府负担的情况下帮助解决教育公平问题，从而发挥商业保险的社会管理功能，彰显其社会责任，同时对提升保险机构的业务竞争力、改善其社会形象也有助益。

可见，从政府层面来讲，助学贷款保险是为国分忧；从社会发展层面来讲，助学贷款保险是促进教育公平，提高全民族文化素质的重要举措；从保险行业本身来讲，助学贷款保险是保险行业发展业务，履行社会管理职能的体现，扩大了行业的社会影响力。正是因为上述原因，信用保险助学贷款实施以后，受到社会各界的欢迎。截至2013年，华安学贷险已覆盖云南、重庆、黑龙江、福建等14个省份，合作高校达400余所。自开展以来，累计为73.23万笔贷款承担保障，贷款金额36.20亿元，帮助36万余名学生获得贷款；在防范和化解信用风险方面，2006～2013年，学贷险累计向银行支付赔款1.44亿元，累计追收欠款2.46亿元。经学贷险管理的贷款业务整体按时还款比率达到85.98%。在助推国家助学贷款政策落实方面，学贷险转移了商业银行助学贷款违约风险，减轻了贷后管理的压力和成本，提升了银行参与积极性。2013年，华安财险已与中国农业银行、中国建设银行、中国工商银行等国有商业银行，哈尔滨银行等4家地方商业银行，山东省部分农村信用社、福建省信合社及下属的20多个农村信用社合作开展了学贷险业务。② 从这个角度看，

① 张阳春."学贷险"求解助贷风险难题［N］.楚天金报，2010－09－06.

② 信用保险有效化解国家助学贷款违约风险［EB/OL］.http：//bxjg.circ.gov.cn/web/site0/tab5210/info3887874.htm.

信用保险助学贷款的发展方向和成绩是值得肯定的。

二、国家助学贷款信用保险机制的潜在缺陷

前面的研究表明，信用保险助学贷款的优势是明显的，同时，现行的助学贷款保险机制设计也存在潜在缺陷。关于这一点，可以运用信息经济学的理论予以分析。

（一）逆向选择和道德风险的基本原理

信息经济学认为，投保人和承保人之间往往存在信息不对称（information asymmetry），事前信息不对称会产生隐藏信息（hidden information），引起投保人的逆向选择（adverse selection），事后信息不对称会产生隐藏行动（hidden action），引起投保人的道德风险（moral hazard），最终导致助学贷款保险市场的低效率。

所谓逆向选择，常指由于信息不对称产生的劣质品驱逐优质品，产品平均质量下降的现象。依据斯蒂格里茨（Stieglitz）和罗斯柴尔德（Rothschild）的研究（1976），在保险市场，倘若承保人无法甄别投保人的风险信息，也将引起投保人的逆向选择。其过程模型为：假定所有投保人的风险可分为高、中、低三类群体。如果承保人和投保人信息对称，承保人将以投保人风险为基础进行差别定价（discrimination pricing）。[①] 此时，投保人解除了后顾之忧，承保人也从差别费率中实现了风险补偿和盈利。但问题是，在保险契约签订前，承保人对于投保人风险并不清楚，因此承保人只有按照投保人平均风险进行统一定价（uniform pricing）。[②] 此时，低风险客户会因保费过高而退出市场，投保人平均风险随之上升。为平衡收支，保险费率必将提高，这又将导致中等风险客户退出。这种保险客户的自我筛选过程，将使客户风险和保险费交替上涨，在理论上直至保险市场崩溃。

所谓道德风险，在经济学中通常指"经济人在最大限度地增进自身效用

---

①② 统一定价、差别定价和阶梯式定价是三种定价方法。在本书中，统一定价是指无论投保银行的贷款风险如何，均执行同一个保险费率；差别定价是指根据每个投保银行的贷款风险不同，制定相应的保险费率；阶梯式定价是根据投保银行的贷款风险所处区间不同，制定相应的保费费率。三者的区别见图3-3。

时做出不利于他人的行动"。信息经济学指出，道德风险的实质是动机问题，即风险分散和规避会使投保者动机发生扭曲——在保险契约签订前，投保人必须自己承担损失，因此有积极性去防范风险；而在保险契约签订后，由于投保人减少了风险，承保人又无法及时监督其行为，因此其防范风险的动机水平会下降，导致保险风险上升。投保人风险与其风险防范积极性之间的关系如图 2 - 2 所示。

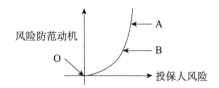

图 2 - 2　投保人风险—风险防范动机替换曲线

图 2 - 2 显示，在保险契约签订前，投保人风险—风险防范动机均衡点处于 A 点上，投保人面临的风险大，其风险管理积极性也高。当投保之后，投保人的风险防范动机与其风险水平同步下降，投保人的风险—防范动机均衡点降至 B 点。当保险项目为全额保险时，投保人零风险，其防范风险的动机也降至 O 点，基本上失去了防范风险的积极性。

可见，由于信息不对称造成的外部性，即逆向选择和道德风险，市场机制将无法产生资源的最优配置。一方面，低风险保险市场消失，保费高涨；另一方面，投保人行为缺乏约束，业务风险骤增。因此，在保险机制设计中，必须充分尽量收集投保人的风险信息，以制定个性化的差别费率，以避免逆向选择，同时，应加强对投保人行为的监管，并适当降低赔付率，以强化投保人的风险防范动机。这一原理同样适用于助学贷款保险业务。

(二) 国家助学贷款信用保险机制的主要缺陷

助学贷款保险机制的设计缺陷主要体现在保险费率的定价方式中。根据中国保监会批准的助学贷款保险费率条款，现行的助学贷款保险费计算公式为：

助学贷款保险费 = 贷款本金 × 基准费率13% × 经验违约率调整系数 × 免赔率调整系数 × 助学贷款发放模式调整系数 × 院校调整系数。

其中，各项调整系数如表 2 - 2 所示，免赔率调整系数如表 2 - 3 所示。助学贷款发放模式调整系数：生源地助学贷款为 1.2，就学地助学贷款为 1。院校调整系数：国家部属院校为 0.8；其他院校为 1。

表 2 - 2 经验违约率调整系数

助学贷款经验违约率（%）	(0，10]	(10，20]	(20，30]	(30，40]	40 以上
调整系数	0.8	1	1.2	1.5	2

表 2 - 3 免赔率调整系数

免赔率（%）	0	1	2	3	4	5	6	7	8	9	10
调整系数	1.10	1.08	1.06	1.04	1.02	1.00	0.98	0.96	0.94	0.92	0.90

从上述公式可以看出，助学贷款保险的定价方式具有一定的合理性。助学贷款保险费本应与贷款风险正相关，所以相关条款规定，相对低风险的重点高校助学贷款和就学地助学贷款的保费调整系数更低。更重要的是，政策设计者意识到了保险业务中可能产生的逆向选择和道德风险问题，并采取了下列措施加以防范：一是引入了经验违约率调整系数。这一系数将助学保险的保费与投保银行的个体风险挂钩，以往的贷款违约率越大，系数就越高，保费也越高，从而避免了保险费的统一定价，有助于抑制逆向选择。二是引入了免赔率系数。免赔率是指当发生贷款损失时，保险机构承担一定比例的贷款损失，剩下的比例则由投保银行自己承担，而不赔金额与损失金额的比率就是免赔率。免赔率系数的引入，将贷款违约是否发生与银行的自身利益相结合，为投保银行加强贷款监管提供了经济动力，在一定程度上抑制了其道德风险。

然而，现行机制并未彻底解决逆向选择和道德风险问题。这主要表现在两个方面：第一，助学贷款保险虽没有进行统一定价，但也没有按个体风险进行差别定价，而是折衷采用了阶梯式定价法（ladder pricing）[①]，即按照投保人所处的风险范围，保费呈阶梯式递增（三种保险定价方法的差别见图 2 - 3）。这种定价方法虽然简便实用，但问题是：在现行的保费计算公式中，投保银行的实际贷款风险与其调整系数设置并不完全匹配。从经验违约率调整系数表中可以看出，当助学贷款违约率为（0，10%]时，其调整系数为 0.8；而当违约率为 40% 以上时，调整系数为 2。假定甲银行往年的助学贷款违约率为 5%，

---

① 统一定价、差别定价和阶梯式定价是三种定价方法。在本书中，统一定价是指无论投保银行的贷款风险如何，均执行同一个保险费率；差别定价是指根据每个投保银行的贷款风险不同，制定相应的保险费率；阶梯式定价是根据投保银行的贷款风险所处区间不同，制定相应的保费费率。三者的区别见图 2 - 3。

乙银行违约率为40%，在其他条件相同的情况下，两家银行的贷款风险相差8倍，而保费却只相差2.5倍。这种保费与风险脱节的现象，在其他风险区间也存在，反映了保费分担的不合理，即在现行保险定价模式中，低风险银行实际上为高风险银行承担了相当部分的保费。这种不合理的保费分担方式若长期执行，可能导致银行客户的逆向选择，即低风险银行客户退出保险，高风险客户大量积聚。届时，多数银行缺乏保障，贷款供给减少，学生难以得到贷款，保险业务也将陷入困境。第二，助学贷款是一种典型的"管理型"金融产品，其风险高低与银行的管理水平及其积极性有着密切的关系。所以，防止投保银行的道德风险是助学贷款保险发展中必须解决的关键问题。为此，政策设计者借鉴其他保险业务的教训，为助学贷款保险规定了0~10%的绝对免赔额。但助学贷款保险的问题在于，其免赔比例过低——目前助学贷款保险的最高免赔率也只有10%，而助学贷款原本就是小额贷款，违约金额一般也较少，10%的违约额免赔很难对银行起到充分的约束作用。因此，10%的免赔率上限显然是过低的，不足以化解银行的道德风险，对助学贷款保险及其学生资助发展不利。

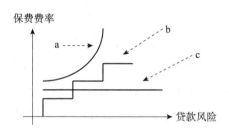

图2-3　助学贷款保险的三种定价方法

注：X轴表示助学贷款风险，Y轴表示保费费率；曲线a表示差别定价，曲线b表示阶梯式定价；曲线c表示统一定价。

三、国家助学贷款信用保险机制的优化对策

上面的研究表明，助学贷款保险有助于转移助学贷款风险，增加和稳定助学贷款供给，并充分发挥保险机构的风险管控和社会管理职能，对政府、高校、大学贫困生乃至保险行业自身，都具有积极的作用。从这个角度看，助学贷款保险业务的创设反映了助学贷款发展的客观要求，推动了高等教育公平，

是学生资助制度创新的必然产物，今后应该进一步在国内推广。

但是，在现行的助学贷款保险机制设计中，由于保费与助学贷款风险脱节，免赔率也过低，很容易诱发贷款银行的逆向选择和道德风险，导致保险市场低效率。这样既加大了保险风险，也减少了学生资助的受益面，不利于促进教育公平。也正因为如此，助学贷款保险在发展过程中遭遇过不少困难。如华安保险公司总裁童清就承认，在市场开拓初期，公司对学贷险风险认识不足，准备不充分，导致各项管控措施不到位，业务发展受阻。[①] 因此，今后要进一步推动助学贷款保险发展，首先必须完善其机制，化解保险实施过程中的逆向选择和道德风险问题。具体而言，相关部门可采取以下措施。

第一，调整阶梯式定价方式中的风险系数，并逐步实现差别定价，以防范逆向选择。在现行的阶梯式保费定价公式中，助学贷款经验违约率系数的设置不合理，高风险银行的风险系数较小，造成其承担的保费过低，容易诱发逆向选择。因此，政策设计者首先应适当上调高风险银行的贷款违约率系数，下调低风险银行的违约率系数，以改变银行保费的分担比例，使其与贷款风险相匹配，使保费分担更加公平合理，以保障助学贷款保险可持续发展。

进一步看，阶梯式定价直接设置了助学贷款保险的基准费率和各项系数，其实质是对助学贷款保险进行价格管制。然而在市场经济条件下，有效的保险价格本应是多种市场因素综合作用的产物，其影响因素和结果是千变万化的，难以产生于事前的计划。所以，政策设计者今后还应放开助学贷款保险的价格管制，逐步将阶梯式定价转变为"一行一价"的差别定价，使其保费可根据不同银行的业务质量、高校类别、银行管理水平等因素，并结合地区风险补偿金的比例，以及银行和保险机构的博弈结果综合确定。只有这种基于市场交易的差别定价方法，才能充分反映助学贷款保险的成本和风险，使保险机构、高风险银行以及低风险银行产生一个长期"共赢"的结果，从根本上解决逆向选择的问题。

第二，提高和逐步放开免赔率上限，并引入声誉机制，以防范银行的道德风险。保险理论和实践都证明，实行绝对免赔制是防范投保人道德风险的有效

---

① 童清. 尽一切努力做大学贷险业务 [J]. 华安月刊, 2011 (9): 15.

手段。同样，只有在共担风险的前提下，银行才能真正做到规范操作，严格管理，保证助学贷款保险的健康发展。但目前助学贷款保险的免赔率上限过低，对银行所起的约束作用很有限，因此政策设计者首先应提高免赔率上限，加大银行的风险分担比例，从而从利益上强化对银行的行为约束。

进一步看，在现实的保险业务中，由于承保风险及承保条件千差万别，如果不去区分不同的承保条件，而是机械地执行统一的免赔率上限，就无法针对各银行的具体情况设计有效的免赔率。因此从长远看，政策设计者可放开免赔率上限，并借鉴财产险条款的通用做法，即在条款中约定免赔由投保人和保险人双方商定，并在保险单上载明即可，这样就能给予双方合作和实务操作一个较大的灵活性。

此外，政策设计者还可建立"声誉机制"，诱导对银行加强贷款监管。根据博弈论的观点，博弈双方在经过多次博弈后，会发觉良好的声誉可以给自己带来好处，便会尽量维护已建立起来的声誉。近年来，有的保险机构在确定医疗保险费用时，采取了一种"经验定位"的办法，即用企业过去一年中花销的医疗费用来决定企业要支付的保险费，这就是对声誉机制的一种应用。所以，助学贷款保险公司可借鉴这一经验，其具体做法是：保险机构在承保时规定，如果投保银行在保险期内对贷款监管有效，在下一期投保时则可以认为其声誉良好而适当降低保费，这样银行将有更多的动力来加强贷款监管。

第三，综合运用多种手段，降低助学贷款风险，加大政府扶持力度。从根本上看，无论是逆向选择，还是道德风险，它们对助学贷款保险的不利影响都源自助学贷款风险。所以，要推动助学贷款保险可持续发展，还必须要降低助学贷款风险。

决策者采取的做法包括：运用保险机构就业灵活、人力资源需求量大的行业优势，为具备条件的贷款学生提供兼职打工的机会，鼓励其早还贷款；对于因无法就业而违约的学生，尽量帮助其就业（如保险营销增员），以提高学生的偿还能力；运用保险机构的专业经验和团队，加大对违约学生的追偿力度；强化前置化的风险管控手段，并建立贷款审查、财政补贴、承保赔偿和学生信息等各个环节相互衔接、制约的运行机制等，全程进行风险管理。将保险监管机构纳入国家助学贷款组织体系，明确高校、银行、保险机构及主管部门的职责义务，同时给予助学贷款保险业务税收优惠，等等。通过这些措施，保险机构可以逐步降低助学贷款风险，进而从根本上减少逆向选择和道德风险对助学贷款保险和学生资助发展的不利影响。

第四节　国家助学贷款的补贴机制及其优化对策

学生贷款是一种具有公益性的教育金融产品，对于保障高等教育公平意义重大。然而，助学贷款的市场失灵又是教育资助领域的普遍现象。随着学生贷款的广泛实施，"贷款难"与"回收难"等问题日益凸显，威胁着高等教育入学公平。理论和实践表明，这些问题属于典型的市场失灵，单靠市场机制无法解决。为解决上述问题，各国政府纷纷对其进行补贴，以矫正市场失灵，保障教育公平。如美国政府就向其学生贷款提供了包括贴息、担保、代偿、特别津贴在内的多种补贴。我国也不例外，1999 年国家助学贷款问世以来，助学贷款补贴的种类和规模就不断增加，成为推动助学贷款发展的重要杠杆。本节将对其运行机制进行分析。

一、中国学生贷款补贴的生成与目标

学生贷款的市场失灵是世界性的普遍现象，其主要表现就是"获贷难"与"回收难"。即便是学生贷款发展较为完善的国家，也不同程度地受到这两个问题的困扰。学生贷款的获贷难和回收难肇始于市场机制的内在缺陷，要解决两大问题，还有赖于政府补贴的介入。如美国的联邦家庭教育贷款在 1965 年实施之初，由于业务风险大、流动性差，贷款业务一度受到社会冷落。为此，美国政府为贷款提供了担保，并定期向贷款机构支付"特别津贴"，以鼓励贷款机构放贷；同时为贷款学生提供了贴息、代偿等补贴，以减轻学生还贷负担。在这两方面的措施作用下，联邦家庭教育贷款发展迅猛，成为美国影响最大的一揽子资助方案。到 1981 年，美国为助学贷款支付的贴息和担保费用就已达 25 亿美元[①]；1996～2004 年，仅"特别津贴"规模就增加了近 4 倍，

---

① 张民选. 理想与抉择：大学生资助政策的国际比较 [M]. 北京：人民教育出版社，1998：213.

2004 年高达 12.05 亿美元。① 近年来，为应对美国助学贷款危机，美国政府还打算进一步加大补贴力度，最激进的桑德斯甚至主张政府的资助应该覆盖学生的学费等支出。② 这一趋势折射出现代政府"以补贴促发展"的资助管理思路。

我国国家助学贷款在发展过程中也一度遭遇过获贷难与回收难的困境。首先来看学生获贷难问题。2001 年，高校在校生规模 1300 多万人，其中有近 30% 的贫困生，总数近 400 万；到 2009 年，贫困生规模增加到 527 万人。③ 学生贷款的需求规模很大。然而，由于国家助学贷款风险大，利率低，贷款机构长期对国家助学贷款抱消极态度，贷款供给严重不足。1999～2008 年，国家助学贷款累计发放 337.1 亿元，资助 436.1 万人。④ 这一数字相比每年数百万贫困生的贷款需求，其贷款供给是远远不够的。再来看贷款机构的回收难问题。学生贷款的回收率受到学生还贷负担的影响。若学生还贷负担过重，则容易造成贷款违约，进而影响贷款回收。学生还贷负担通常用还款负担率来反映。根据世界学生贷款的实践经验，还贷负担率一般在 5%～15% 比较合理。然而，国家助学贷款以往按照 4 年期还贷，其还款负担率高达 29%～42%。⑤ 学生还贷负担重加剧了贷款违约现象，引起了回收难问题。而这又促使贷款机构进一步减少贷款供给，加剧了获贷难问题。

50 多年的世界学生贷款的发展实践表明，学生贷款补贴具有扩大资助受益面，减轻学生还贷负担的作用，可以有效缓解获贷难和回收难问题。在这种情况下，我国教育职能部门启动助学贷款补贴政策，改善助学贷款运行就不难理解了。由于中国学生贷款补贴主要针对获贷难和回收难问题而设计，因此，它的政策目标可以确定为扩大资助面和减轻学生还贷负担。

---

① American's Student Loan Provider. The Federal Family Education Loan Program：A Better Deal for Students & Taxpayers. http：//www. studentloanfacts. org，2005 - 07 - 12/2005 - 12 - 20.

② 冯涛，程宝燕. 美国助学贷款的困境、对策与趋势［J］. 外国教育研究，2017，44（4）：18 - 29.

③ 2009 年全国普通高校资助政策执行情况［EB/OL］. http：//www. cnr. cn/jy/yw/201008/t2010 0813_ 506888295. html.

④ 谢洋. 国家助学贷款 10 年累计 337.1 亿，惠及 436 万大学生［N］. 中国青年报，2009 - 05 - 01.

⑤ 沈华，沈红. 学生贷款偿还负担的国际比较及我国的实证研究［J］. 比较教育研究，2004（10）：39.

二、中国学生贷款补贴的演变与分类

国内外学生贷款的研究文献中，学生贷款补贴主要有两种界定方法：第一种是严格意义上的学生贷款补贴，即传统意义上的"价格补贴"。根据这种界定，凡直接资助学生或贷款机构的支出均可视为学生贷款补贴。第二种是广义上的学生贷款补贴，即除价格补贴外，贷款管理成本和贷款损失也被当作学生贷款补贴的一部分。这种界定方法的实质是将学生贷款所有的运行成本都视为学生贷款补贴，以考查学生贷款的成本回收率与财务可持续性。在上述两种界定方法中，由于贷款管理成本和贷款损失缺乏主动、明确的资助意图，一般不属于资助政策和补贴政策的范畴，所以不纳入本书考察范围。本书对中国学生贷款补贴的界定将选择"价格补贴法"。根据本书的界定，中国学生贷款共有以下几种补贴形式。

第一，贴息。贴息是政府为贷款者偿还学生贷款利息的补贴方式，它是学生贷款公益性的体现。目前，世界上多数政府贷学金都含有贴息。1999 年 6 月，《关于国家助学贷款的管理规定》决定从 1999 年 9 月起开展国家助学贷款试点。文件第十七条还规定，"为减轻学生还贷负担，财政部门对贷款学生给予利息补贴。学生所贷款利息的 50% 由财政贴息"。当年财政部核定贴息经费 900 万元，自此拉开了助学贷款补贴的帷幕。

此后，贴息办法还进行了两次调整。第一次调整是 2004 年的贴息力度调整。2004 年 6 月，《关于进一步完善国家助学贷款工作的若干意见》第一条规定："实行借款学生在校期间的贷款利息全部由财政补贴，毕业后全部自付的办法"。全额贴息免除了学生在校期间的还贷负担，使其更安心于学业，这一办法延续至今。第二次调整是 2007 年的贴息主体调整。有关部门规定，"考入中央高校的学生，贷款贴息由中央财政承担。考入地方高校的学生，跨省就读的，贷款贴息由中央财政承担；在本省就读的，贷款贴息由地方财政负担"。生源地信用助学贷款贴息主体的调整，解决了跨地就读所带来的贴息责任模糊的问题，推动了国家助学贷款发展。

第二，税前折扣。[①] 税前折扣是减小国家助学贷款的所得税税基，激励贷

---

① 税前扣除是指准许企业把一些的特殊支出，以一定的比率或全部从应税所得中扣除，以减轻其税负。

款机构供给的补贴形式。税前折扣政策的出台背景如下：1999年国家助学贷款政策出台后，国家助学贷款受到银行冷遇。2000年6月底，信用助学贷款仍没有启动。银行系统反映，学生贷款呆坏账很多，而银行却享受不到任何优惠，很不公平。2000年8月，《关于助学贷款管理的补充意见》第六条对此做出规定，"各商业银行发放助学贷款，发生呆坏账，按实际发生额在所得税前按规定核销"。坏账税前核销的办法缩小了银行的所得税税基，增加了银行的收入。从税收学的角度看，其实质是税前扣除。税前折扣成为助学贷款的第二种补贴形式。由于《补充意见》增加了补贴力度，到2001年2月，贷款合同金额增加到12.6亿元。① 这表明在此次"惜贷风波"中，贷款补贴对启动信用助学贷款起到了积极作用。

　　第三，特定免税。② 特定免税是指对国家助学贷款利息收入免收营业税的激励措施。加拿大学生贷款也有过类似优惠。不同的是，中国学生贷款减免的是贷款机构的营业税，而加拿大学生贷款减免的是贷款者17%个人所得税，其条件是减免部分必须用于偿还贷款（近年来美国为应对助学贷款危机，也做出规定，助学贷款的利息可以获得税收减免。2014年，个人所得税中最大减免额是2500美元，但随着收入的提高，减免额度是递减的③） 特定免税的出台背景如下：坏账核销办法出台后，尽管贷款规模有所增加，但贷款供给依然不足。截至2001年5月，全国申请贷款金额32.3亿元，而实际发放仅有6.33亿元，金额获贷率不足20%。④ 银行表示，助学贷款业务无利可图，税收优惠却很少，银行得不偿失。为此，2001年7月颁布的《关于进一步推进国家助学贷款业务发展的通知》第三条规定，"经国务院批准，免征国家助学贷款利息收入营业税"。从税收学的角度看，免征营业税隶属于特定免税。这样，特定免税就成为国家助学贷款的第三种补贴形式。特定免税政策出台后，

---

　　① 康宁. 国家助学贷款好事不好办［EB/OL］. http://finance. people. com. cn/GB/8215/72538/72539/5105244. html.

　　② 特定免税是根据政治、经济情况发生变化和贯彻税收政策的需要，对特殊情况专案规定的免税条款。

　　③ 冯涛，程宝燕. 美国助学贷款的困境、对策与趋势［J］. 外国教育研究，2017，44（4）：18 - 29.

　　④ 康宁. 国家助学贷款好事不好办［EB/OL］. http://finance. people. com. cn/GB/8215/72538/72539/5105244. html.

贷款规模再次增加。截至 2001 年 12 月底，国家助学贷款实际发放余额为 13.27 亿元，比 5 月增加 6.94 亿元，增长 1.1 倍；有 27.2 万名学生获得国家助学贷款支持而顺利就学。[①]

第四，风险补偿金。风险补偿金是按学生贷款发生额的一定比例，给予贷款机构的风险补贴，以鼓励贷款供给。风险补偿金是世界学生贷款领域的普遍现象。如美国政府就对联邦家庭教育贷款支付了"特别津贴"。特别津贴的额度根据美国 90 天的国库券利率动态调整。[②] 加拿大 20 世纪 90 年代也曾推行风险分担制度，政府向银行支付 5% 的风险补贴金。银行负责贷款催缴工作，承担坏账损失。[③]

中国学生贷款的风险补偿金政策出台背景如下：税收优惠政策实施后，由于银行对经营风险仍有所顾虑，贷款供给依然不足。截至 2001 年 12 月底，助学贷款合同金额为 24.35 亿元，只占申贷金额的 35.4%；[④] 2003 年 8 月，中国人民银行要求商业银行对违约率达到 20%，且违约人数达到 20 人的高校，暂停贷款发放。当年 9 月，许多地区的国家助学贷款工作由此陷入停顿，酿成了一场"停贷风波"。

不难发现，助学贷款几经反复的关键，是风险的分担。如何在政府、银行、学校之间合理分担风险比例，则是各方关注的焦点。为此，2004 年 6 月颁布的《关于进一步完善国家助学贷款工作的若干意见》第三条规定，"为鼓励银行积极开展国家助学贷款业务，按照风险分担原则，建立国家助学贷款风险补偿机制。按隶属关系，由财政和普通高校按贷款当年发生额的一定比例建立风险补偿专项资金，给予经办银行适当补偿，具体比例在招投标时确定"。风险补偿金机制建立了政府、银行、高校之间的风险共担机制，大大缓解了经办银行的后顾之忧。风险补偿金成为国家助学贷款的第四种补贴形式。2004 年 6 月新机制实施后，截至 2006 年 6 月底，贷款审批人数 154.3 万人；审批

①④　康宁. 国家助学贷款好事不好办［EB/OL］. http：//finance. people. com. cn/GB/8215/72538/72539/5105244. html.

②　李文利. 美国、加拿大高校学生贷款研究［J］. 比较教育研究，2004（10）：45.

③　崔邦焱. 加拿大高等学校助学贷款制度的研究与借鉴［J］. 中国高等教育，2002（2）：42.

金额 131.7 亿元，资助金额和资助人数均超过过去 5 年的总和。① 这表明，风险补偿金机制的实施，其措施是得力的。

风险补偿金的操作办法此后还进行了两次调整：第一次调整发生在 2005年。国家开发银行在试点高校国家助学贷款时规定，若助学贷款违约额低于风险补偿金金额，差额部分全部奖励给高校；反之高校则要负担贷款损失。此举调动了高校参与贷款回收的积极性，完善了风险补偿金机制。第二次调整发生在 2007 年。国家开发银行在试点生源地信用助学贷款时，有关部门作出了三项决定：一是将风险补偿金比例由招标定价改为 15% 的恒定比例，以加大风险补偿力度；二是将风险补偿金的返还对象由高校改为县学生资助管理中心，以激励地方政府积极参与贷款管理和回收；三是将风险补偿的出资责任由高校和高校所在地财政部门各自分担一半，改为主要由中央财政承担，生源地财政部门视情况分担，从而明确了跨省就读学生的风险补偿金出资责任。

第五，代偿。代偿是政府为符合条件的学生偿还助学贷款本息的补贴形式。代偿具有多元目标性，它既可以减轻学生还贷负担，还可以促进学生学业，引导学生从事社会服务。享受代偿的条件主要有两种：第一种是职业条件。如日本的育英贷学金规定，若贷款者毕业后到中小学、幼儿园、特殊教育机构任教，或去文部省指定的研究机构工作，贷款免息；工作满 5 年，免还贷款本息；不足 5 年部分减免。② 印度则规定，从事教育或参军的贷款学生，每工作 1 年，政府为其偿还 1/10 的债务。③ 近年来，为应对助学贷款的严峻形势，美国联邦政府和各州政府采取了多种代偿措施，规定从事教师、图书管理员、消防员、警察、护士、社工等公共服务领域就业人员可享受助学贷款还款减免。④ 第二种是学业条件。如德国规定，贷款学生若能在规定的最短年限内以优异成绩毕业，可免除最高达 30% 的贷学金；拉美的巴巴多斯规定，贷款

———————————

① 教育部 2006 年第 16 次新闻发布会 [EB/OL]. http://www.edu.cn/20060725/3201477.shtml.

② 张民选. 理想与抉择：大学生资助政策的国际比较 [M]. 北京：人民教育出版社，2003：264.

③ 马经. 助学贷款国际比较与中国实践 [M]. 北京：中国金融出版社，2003：230.

④ 冯涛，程宝燕. 美国助学贷款的困境、对策与趋势 [J]. 外国教育研究，2017，44（4）：18 - 29.

学生若在正常时间内毕业，且成绩优秀，20% 的贷款将转成奖学金，无须归还。①

中国学生贷款的代偿政策实施于 2006 年。2006 年 9 月颁布的《高等学校毕业生国家助学贷款代偿资助暂行办法》第二条规定，"高校毕业生到西部地区和艰苦边远地区基层单位就业，服务期在 3 年以上的，其助学贷款本金及其利息将由国家代为偿还"。代偿办法促进了人才资源的合理配置，减轻了部分毕业生的还贷负担。代偿是国家助学贷款的第五种补贴形式。代偿办法此后还进行了两次重大调整：2009 年 3 月，《高等学校毕业生学费和国家助学贷款代偿暂行办法》将代偿范围从代偿国家助学贷款扩大到代偿学费，代偿学生的工作范围扩大至我国中部地区基层单位；2009 年 4 月，《应征入伍服义务兵役高等学校毕业生学费补偿国家助学贷款代偿暂行办法》将代偿对象扩大至所有普通高校的入伍学生。新代偿政策增加了代偿面和资助强度，进一步体现了代偿政策引导学生服务社会的功能。

第六，利率补贴。上述补贴均是政府以文件形式公布的补贴形式。然而，在国家助学贷款运行过程中，还有一种特殊的补贴，它虽没有以正式政策文本的形式公布，却也对学生起到了重要的资助作用，这就是银行给予贷款学生的"利率补贴"。

在助学贷款研究中，利率补贴是指由于助学贷款利率低于市场利率而给学生带来的隐蔽资助。根据张民选教授的研究，世界学生贷款利率水平由高到低可分为市场利率、市场最惠利率、低息利率、无实息利率、无息利率五个档次。其中除第一档次的"市场利率"外，其他档次的学生贷款利率均低于市场利率。也就是说，这些国家的学生贷款不同程度地含有利率补贴。

国家助学贷款同样存在利率补贴。国家助学贷款风险大、管理成本高，其市场利率本应高于一般消费贷款利率。然而，1999 年颁布的《关于国家助学贷款的管理规定》却明确规定，"国家助学贷款利率按中国人民银行公布的法定贷款利率执行"。这一做法延续至今。对国家助学贷款的"隐性补贴率"，沈红和李文利 2003 年曾进行过测算。研究结果表明，若学生毕业后半年开始

---

① 张民选．理想与抉择：大学生资助政策的国际比较［M］．北京：人民教育出版社，2003：208．

还款，即使贷款全部按时偿还，助学贷款的现值回收率也只有 79%，这意味着由于贷款利率低于通货膨胀率，银行也要补贴 21% 的贷款现值给学生。[①]这进一步证实了贷款机构为学生提供利率补贴的事实。

上述六种补贴可以根据补贴方式和补贴主客体关系进行分类。

首先，根据补贴方式的不同，有两种分类方法：其一，按照补贴对象，补贴方式可分为直接补贴和间接补贴，前者是指直接给予最终资助对象（即学生）的补贴，后者是指对其他环节的补贴。在六种补贴中，贴息、代偿和利率补贴是直接资助学生的补贴，属于直接补贴；而风险补偿金、税前扣除、特定免税是资助贷款机构的补贴，对学生的资助具有间接性，属于间接补贴。其二，从政府是否明确地安排支出来区分，补贴方式可分为显性补贴和隐性补贴。由于利率补贴、税前扣除、特定免税目前是未经国家财政预算明确安排的支出，因此属于隐性补贴，其余补贴均由政府预算安排支出，属于显性补贴。由此，国家助学贷款的补贴方式可细分为四种类型：贴息和代偿属于显性直接补贴，利率补贴属于隐性直接补贴，风险补偿金属于显性间接补贴，税前扣除和特定免税属于隐性间接补贴。这四种补贴方式就构成了中国学生贷款补贴体系的"四元方式结构"（见表 2 – 4）。

表 2 – 4　　　　　　　　国家助学贷款的补贴方式

补贴形式	补贴对象分类	明确安排支出分类
利率补贴	直接补贴	隐性补贴
代偿	直接补贴	显性补贴
财政贴息	直接补贴	显性补贴
风险补偿金	间接补贴	显性补贴
税前扣除	间接补贴	隐性补贴
免征营业税	间接补贴	隐性补贴

其次，可以根据补贴主客体关系分类。在上述六种补贴方式中，贴息、代偿是政府直接资助学生的补贴，即"政府补贴学生"；利率补贴是银行资助学生的补贴，即"银行补贴学生"；风险补偿金、税前扣除和特定免税是政府资助贷款机构的补贴，即"政府补贴银行"。这三种补贴主客体关系就构成了中

---

① Shen, Hong & Li, Wenli. The Review of Student Loans Scheme in China ［R］. UNESCO, 2003, P71 – 73.

国学生贷款补贴体系的"三元主客体结构"（见图2-4）。

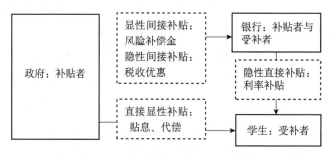

图2-4 国家助学贷款的补贴模式

三、国家助学贷款补贴机制的资助效应

(一) 市场利率条件下的补贴效应

要考察中国学生贷款补贴的资助功能，可以从了解一般补贴的功能入手。经济学的补贴理论指出，在市场价格机制下，无论是补贴消费者（即"直接补贴"），还是补贴生产者（即"间接补贴"），都可以改变产品供求关系，进而提高其产量，降低实际价格，并且两种补贴的最终效果相同。同样，学生贷款补贴也可以分为直接补贴和间接补贴，前者补贴学生（如贴息、代偿），后者补贴贷款机构（如风险补偿金、税收优惠）。在市场利率条件下，两者都可以起到增加贷款规模，减轻还贷负担的资助作用，且两者对贷款规模和利率水平的影响相同，即补贴绩效相同。

在利率市场化条件下，学生贷款补贴的资助功能可以用图2-5说明。在图2-5中，ss′和dd′分别表示学生贷款的需求曲线和供给曲线，贷款的初始均衡产量和均衡价格分别为（Q_1，R_1），且补贴总量为AB。此时有直接补贴、间接补贴和混合补贴（即既有直接补贴，也有间接补贴）三种补贴方案可供选择：方案一，若政府只补贴学生，则会刺激贷款需求，贷款需求曲线向右平移至DD′。此时，贷款规模扩大为Q_2，利率水平上升为R_2；由于学生的补贴量为AB，则学生实际还贷利率为R_0（即$R_2 - AB$），即贷款规模和还贷利率为（Q_2，R_0）。此时资助规模增加，资助面扩大，学生还贷负担减轻。方案二，若政府只补贴贷款机构，则会刺激贷款机构供给，贷款供给曲线右移至SS′，

- -

则贷款规模扩大为 Q_2，利率水平降至 R_0，即贷款规模和还贷利率也是（Q_2，R_0），其补贴效果与直接补贴相同。方案三，若政府同时补贴贷款机构和学生，由于直接补贴和间接补贴效果相同，且补贴总量仍为 AB，则贷款规模和还贷利率必然也是（Q_2，R_0）。

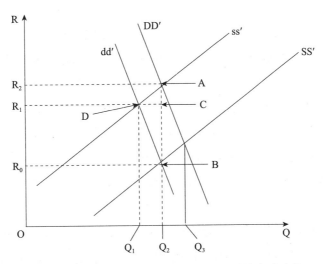

图 2 − 5　利率市场化条件下学生贷款补贴的资助功能

因此，通过上述分析，可以得出两个结论：第一，在利率市场化条件下，无论是直接补贴，还是间接补贴，或混合补贴都具有两大资助功能：一是增加贷款规模，扩大资助面，使更多的学生得到资助，进而缓解"贷款难"问题；二是降低还贷利率，减轻学生还贷负担，进而缓解"回收难"问题。第二，在利率市场化条件下，若补贴量相同，直接补贴、间接补贴、混合补贴的效果完全相同，换言之，补贴方案对补贴绩效呈"中性"。学生贷款补贴在理想条件下的资助功能和绩效水平，为评价和改进中国学生贷款补贴提供了一个很好的参照系。

（二）利率管制条件下的补贴效应

上述分析表明，无论是补贴学生，还是补贴贷款机构，都能扩大资助受益面和减轻还贷负担，且资助绩效相同。但这一结论是建立在利率市场化条件下的。然而在中国学生贷款的实践中，其利率水平却并非"市场化"，而是存在严格的上限管制——从贷款定价原则看，利率应与贷款风险和贷款成本成正比。然而，《关于国家助学贷款的管理规定》第十八款却规定，"国家助学贷款利率按中国人民银行公布的法定贷款利率执行，不上浮，不计复利"。这就构成了实质上的利率上限管制。这就"窄化"了贷款补贴的资助功能：直接补贴将只能减轻还贷负担，但无法扩大资助面；间接补贴只能扩大资助面，但无法减轻还贷负担。

1. 直接补贴可以减轻还贷负担，却无法扩大资助面。

贴息和代偿都是通过财政手段，直接帮助学生还贷的补贴形式。因此，在贷款利率既定的条件下，它们可以减轻学生的还贷负担。但是，在利率管制的条件下，它却难以扩大资助面，这主要是由于利率管制使得贷款供不应求所致。在利率市场化的条件下，贷款规模是贷款需求量和贷款供给量均衡的结果；而当利率管制人为压低利率水平时，由于贷款收益无法充分弥补贷款风险和成本，必然会压抑贷款机构积极性，导致贷款供不应求。此时，直接补贴的提供只不过进一步扩大了资金缺口，实际贷款规模和资助面不会增加。在图 2-6 中，dd′是货币需求曲线，ss′是货币供给曲线，贷款利率为基准利率 R_0。在基准利率 R_0 下，贷款供给量为 Q_1，贷款需求量为 Q_3；此时，贷款供不应求，资金缺口为 $Q_3 - Q_1$。当财政直接补贴学生时，学生贷款意愿上升，贷款需求曲线移动至 DD′。在基准利率 R_0 下，贷款需求量上升为 Q_4，但贷款供给量仍保持 Q_1 不变，资金缺口扩大为 $Q_4 - Q_1$。因此，在利率管制条件下，直接补贴无法扩大资助面。

2. 间接补贴可以扩大资助面，却无法减轻还贷负担。

风险补偿金和税收优惠都是政府资助贷款机构的补贴，可以起到激励贷款机构，增加贷款供给的作用，其"促贷"功能可以用图 2-6 来分析。在图 2-6 中，在基准利率 R_0 下，贷款供给量和需求量分别为 Q_1 和 Q_3；现在由于间接补贴的提供，贷款机构的贷款意愿增强，贷款供给曲线右移至 SS′，在基准利率 R_0 下，贷款供给量扩大为 Q_2。可见，间接补贴可以增加贷款规模，进而扩大资助面。

但在利率管制条件下，间接补贴无法减轻学生还贷负担。在利率市场化的条件下，贷款利率本是贷款供求均衡的结果。此时若政府补贴贷款机构，贷款必将供过于求，贷款机构只有以降低利率来实现市场出清，从而减轻学生还贷

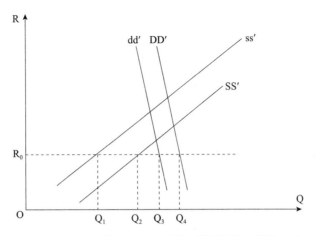

图 2 - 6　利率管制条件下中国学生贷款补贴的资助功能

负担。而在现行政策框架下，由于利率管制造成了贷款供不应求，因此，当政府补贴贷款机构时，一般不会出现贷款的"供大于求"，利率水平和还贷负担也会维持不变。进一步看，若政府投入巨资，加大间接补贴规模，使助学贷款在基准利率下供过于求，则减轻学生还贷负担的目标理论上还是可行的。但这样做又必将出现"过度资助"，浪费资助资金，使助学贷款失去经济意义，因此在利率管制条件下，间接补贴是无法减轻还贷负担的。

四、国家助学贷款补贴机制的资助效率缺失

中国学生贷款的混合补贴机制，可以扩大资助面，减轻还贷负担，但这种机制也潜藏着效率缺失，容易浪费补贴资金。这主要表现在以下几个方面。

第一，直接补贴引起信息不对称，导致资助不足或资助过度，难以激励学生。由于国家助学贷款利率存在管制，因此政府在补贴贷款机构时，根本无法根据市场化利率与实际利率的差额给予贷款机构准确的补贴量。若补贴量过大，则会造成贷款供过于求，形成过度资助；若补贴量过小，又会造成资助不足；此外，相比直接的贴息和代偿，利率补贴很不透明，因此尽管补贴代价甚大，学生却往往无法知晓，就更谈不上感恩，因而不利于培养他们的社会责任感和还贷意识，也无法为他们增加学习动力。

第二，间接补贴容易促成贷款机构的预算软约束和机会主义行为，不利于

改善助学贷款经营。间接补贴是由于政策性的利率补贴引起的，但由于信息不对称，在实践中很难区分经营性亏损和政策性亏损，这就掩盖了部分贷款机构的经营不善，也削弱了经营者降低贷款风险和成本的动力；若贷款经营业绩有所改善，政府势必会降低间接补贴水平，造成"鞭打快牛"，这就强化了贷款机构的不思进取；此外，即便助学贷款的盈利水平提高，贷款机构也可以通过隐瞒利润或抬高贷款成本的方法，索要间接补贴，而这又将导致补贴规模不断膨胀，加重财政负担。

五、国家助学贷款补贴机制的优化对策

多年来，中国学生贷款一直遵循"困境—补贴—突破困境而发展"的模式，每当中国学生贷款陷入惜贷、停贷的低谷，通过增加补贴种类和规模，总能将助学贷款的规模推到一个新的高度，使其避免了夭折而得以继续发展。贷款补贴已成为扩大资助面的"助推器"，有效缓解了获贷难问题，明显减轻了学生的还贷负担，为解决回收难问题创造了条件，其实施成效是显著的。

从理想的角度看，一个好的补贴机制应兼顾扩大资助受益面和减轻还贷负担两大资助目标。事实上，在利率市场化的条件下，无论是补贴学生，还是补贴贷款机构，也确实能够达到两大资助目标兼顾的效果。然而，由于国家助学贷款市场存在以利率管制为表现形式的利率补贴政策，导致在现行政策框架下，国家助学贷款补贴的资助效果出现了分裂；要么以牺牲资助受益面为代价，减轻学生还贷负担；要么以扩大资助受益面为目的，维持学生还贷负担不变，因而形成了两大资助目标之间"鱼和熊掌不可兼得"的资助效应，引起了一系列的效率缺失。

由此可见，当前的补贴体系形式多样，结构复杂，不但操作上容易顾此失彼，增加管理成本，而且补贴目标也存在相互冲突的弊端。这反映出政策设计的协调性不足。因此，与其采用"利率管制加间接补贴"的补贴模式来促进教育资助，不如改用"市场利率加直接补贴"的柔性干预手段更有效，以提升补贴机制的资助效应。其具体改革思路有以下两点。

第一，贷款利率市场化。政府应放松助学贷款的利率管制，允许贷款机构根据贷款风险、成本和供求关系浮动利率。其实质是取消利率补贴，以调动贷

款机构的放贷积极性。

第二，间接补贴直接化。由于助学贷款利率已经市场化，因此政府无须再向贷款机构提供风险补偿金。届时，政府可将风险补偿金变为贴息，加大对学生的直接资助力度。此举既能强化贷款机构的预算约束；又能增加学生的需求，减轻其还贷负担，而且资助清晰透明，更容易得到学生的认同。

通过上述改革，助学贷款补贴的"四元方式结构"和"三元主客体结构"将简化为"一元直接补贴结构"，其补贴对象更明确，补贴方式更透明，操作更简单，从而进一步提升国家助学贷款补贴机制的资助效率。

第五节　小结

国家助学贷款是高校多元资助体系的支柱项目，它覆盖面大，资助力度强，而且运行和管理也最为复杂。对其机制进行探究，是构建和完善高校精准资助机制的基础。本章对国家助学贷款的四种主要机制进行了分析。

助学贷款效益生成机制是决定助学贷款功能与特征的基础。研究表明，国家助学贷款不但具有显著的社会效益，还具有边际消费倾向高、消费时滞短、无挤出效应的消费特点，在乘数效应作用下，可使社会消费、投资、就业和税收剧增。研究显示，2016 年，发放国家助学贷款 263 亿元，可使 GDP 增加461 亿元，就业岗位增加 11 万个，税收增长 20 亿元，有力地促进了宏观经济增长。因此，我们要正确认识国家助学贷款的宏观经济功能，加大对国家助学贷款的扶持力度，以全面发挥国家助学贷款实施效益。

国家助学贷款的定价机制是决定助学贷款供求关系的主要机制。现行的国家助学贷款定价执行基准利率，其实质是实行利率管制。这种定价机制压低了贷款价格，体现了助学贷款的公益性，但同时也遏制了贷款供给，使其在高风险低收益中运行。同时，国际经验表明，学生贷款高利率会增加违约率，低利率又不利于保障学生受助机会和贷款回收。在 20 世纪，世界学生贷款的普遍低利率引起了资助面萎缩和回收率低下。为应对这一问题，近年来世界学生贷款的利率水平已有所提高，这也合乎学生贷款运行目标排序的"受助优先"要求。因此，国家助学贷款不宜通过降低利率水平来资助学生，而应加大贴息力度，同时，贷款经营应实行差别利率，适当提高助学贷款利率。

助学贷款保险机制是分散贷款经营风险的重要机制。助学贷款保险是一项新兴的学生资助保险项目，可以分散和转移贷款风险，稳定和增加助学贷款供给，有助于发挥保险机构的风险管理和社会管理职能，对学生资助发展具有重要的作用。然而，我国助学贷款保险的机制设计不甚合理，这主要表现为保费分担与贷款风险脱节，免赔率过低，容易诱发逆向选择和道德风险，降低保险市场效率，对学生资助事业不利。今后应逐步调整保费的风险系数，提高和逐步放开免赔率上限，并采取多种手段降低助学贷款风险，以促进学生资助的发展。

助学贷款补贴机制是政府扶持助学贷款运行，履行公共财政职能的主要机制。国家助学贷款现有贴息、代偿、利率补贴、风险补偿金、税前扣除、免征营业税六种补贴政策。它们又可分为显性直接补贴、隐性直接补贴、显性间接补贴、隐性间接补贴四种方式，以及"政府补贴学生""银行补贴学生""政府补贴银行"三种主客体关系，从而构成了国家助学贷款特有的多元补贴机制。从资助效应看，在利率市场化条件下，助学贷款补贴可以兼顾扩大资助受益面和减轻还贷负担两大资助目标。然而，由于现实中的国家助学贷款存在以利率管制为表现形式的利率补贴，使补贴效应出现了割裂，无法兼顾两大资助目标，并引起了一系列的效率缺失。所以，要提高补贴机制的有效性，政府应取消利率补贴政策，并将间接补贴转化为贴息，使贷款补贴以市场化的方式运行，从而提高国家助学贷款补贴的资助效应。

第三章

高校勤工俭学的管理机制及其优化对策

高校勤工俭学是自助型资助项目的代表，也是高校保障型资助的重要内容。[①] 它不仅是资助高校学生的重要途径，也是提升学生综合素质，培养自强精神的有效平台，对高校开展精准资助育人工作具有重要作用。目前，学校组织的勤工俭学主要包括助教、助研、助管，以及其他学校的生产、后勤和公益劳动，其资助对象既有本专科学生，也有研究生。但总体上看，研究生的参与比例、劳动强度、工作时间和资助力度明显高于本专科生，管理机制也更加系统复杂，因此本章将以研究生"三助"活动为例，对高校勤工俭学的管理机制进行考察，并提出精准化管理建议。

本章内容共分五节：第一节，理论基础与调查方案；第二节，高校研究生"三助"工作的成效与问题；第三节，美国高校研究生助理制度的经验借鉴；第四节，高校研究生"三助"精准管理机制构建；第五节，小结。

---

① 在高校资助项目中，勤工俭学的性质比较特殊：一方面它可以解决学生的基本生活费用，是保障型资助的重要内容；另一方面又具有较强的育人功能，具有发展型资助的功能。但在研究中，勤工俭学通常被归入保障型资助。例如在北京大学资助中心主任杨爱民教授的文章《基本保障型资助到发展型资助》中曾提出，"国家助学贷款、国家励志奖学金、学费助学金、助学贷款代偿学费补偿基本覆盖了不同学生的学费，国家助学金，社会捐赠助学金、勤工助学可以基本保障学生的生活费。各个高校基本建立以解决学费和基本生活费的基本保障型资助"（参见 2015 年 12 月 10 日《光明日报》第 15 版）。因此本书也采用这种归类方法，将勤工俭学纳入保障型资助进行考察。

第一节　理论基础与调查方案

一、理论基础

（一）研究生"三助"理论概述性质

高校勤工助学是高校多元化资助体系的重要组成部分，具有助学济困的资助功能和人才培养功能。对于高校勤工俭学的定义、性质和管理办法，教育部、财政部 2007 年出台和 2018 年修订的《高等学校学生勤工助学管理办法》（以下简称《管理办法》）作出了比较详尽的规定。其中，对于高校勤工俭学的定义，《管理办法》指出，高校勤工俭学是指"高校组织学生参加校内的助教、助研、助管、实验室、校办产业的生产活动和后勤服务及各项公益劳动，学生从中取得相应报酬的助学活动。这项活动有利于学生德、智、体、美全面发展，是对广大学生，特别是贫困家庭学生的有效资助办法，是对他们安心完成在校学业的有力支持"；"勤工助学活动是指学生在学校的组织下利用课余时间，通过劳动取得合法报酬，用于改善学习和生活条件的实践活动"。

对于高校勤工助学的性质，《管理办法》指出，"勤工助学是高校学生资助体系的重要组成部分，是提高学生综合素质和资助家庭经济困难学生的有效途径，是实现全程育人、全方位育人的有效平台。勤工助学活动应坚持'立足校园、服务社会'的宗旨，按照学有余力、自愿申请、信息公开、扶困优先、竞争上岗、遵纪守法的原则，由学校在不影响正常教学秩序和学生正常学习的前提下有组织地开展。高校勤工助学活动应由学校统一组织和管理"。学生私自在校外兼职的行为不属于高校勤工助学的范畴。

对于校内勤工助学岗位设置原则，《管理办法》规定，"学校应积极开发校内资源，保证学生参与勤工助学的需要。校内勤工助学岗位设置应以校内教学助理、科研助理、行政管理助理和学校公共服务等为主。按照每个家庭经济困难学生月平均上岗工时原则上不低于 20 小时为标准，测算出学期内全校每月需要的勤工助学总工时数（20 工时 × 家庭经济困难学生总数），统筹安排、设置校内勤工助学岗位；勤工助学岗位既要满足学生需求，又要保证学生不因参加勤工助学而影响学习。学生参加勤工助学的时间原则上每周不超过 8 小时，每月不超过 40 小时。寒暑假勤工助学时间可根据学校的具体情况适当延长……学校优先安排家庭经济困难学生参加勤工助学"；对于校外勤工俭学，《管理办法》要求，"学校勤工助学管理服务组织统筹管理校外勤工助学活动，注重与学生学业的有机结合"。

在勤工助学酬金标准及支付来源方面，《管理办法》规定，"校内固定岗位按月计酬。以每月 40 个工时的酬金原则上不低于当地政府制定的最低工资标准或居民最低生活保障标准为计酬基准，可适当上下浮动；校内临时岗位按小时计酬。每小时酬金可参照学校当地政府或有关部门规定的最低小时工资标准合理确定，原则上不低于每小时 12 元人民币；校外勤工助学酬金标准不应低于学校当地政府或有关部门规定的最低工资标准，由用人单位、学校与学生协商确定，并写入聘用协议；学生参与校内非营利性单位的勤工助学活动，其劳动报酬由勤工助学管理服务组织从勤工助学专项资金中支付；学生参与校内营利性单位或有专门经费项目的勤工助学活动，其劳动报酬原则上由用人单位支付或从项目经费中开支；学生参加校外勤工助学，其劳动报酬由校外用人单位按协议支付"。

从上述政策文本中可以看出，不同于其他旨在助学解困的资助方式，高校勤工助学既是帮扶贫困生，改善其经济状况的有效途径，也是帮助其提升综合素质，实现全程育人、全方位育人的有效平台，具有助困和育人的双重功能。正因为如此，高校勤工俭学在当前高校精准资助育人体系建设中具有重要的地位。

研究生"三助"是高校勤工俭学活动的重要类型，它既服从高校勤工助学活动的一般性规律和相关规定，又具有自身的特点。所谓"三助"，是指学生在校学习阶段，按照有关规定，受聘兼任学校的助理工作，具体包括"助教""助研""助管"三类。其中，"助教"指学生在完成必要的教学实践任务以外，从事教学辅导、答疑、批改作业、指导实验等工作；"助研"指学生按照有关规定和导师要求，参加导师主持的课题研究，承担老师安排的科研及相关的辅助任务，如承担科学实验、工程设计、社会调查等工作。"助管"是指学生按照有关规定，协助学校职能部门和各院系（所）进行的日常管理工作，包括兼任思想政治辅导、行政管理、后勤服务管理等工作。这三类工作虽然工作内容和要求不同，但在学校中有着共同的管理体制，可作为一个整体加以研究。此外，在学校的勤工俭学实践中，虽然也有少量本科生参与"三助"，但"三助"工作主要面向知识水平更高、心智更成熟、阅历也相对更丰富的研究生开放，这也是当前研究生参与勤工俭学的主要途径。因此，"三助"工作又常常直接被称为研究生"三助"工作。

在当前高校勤工俭学体系中，研究生"三助"也是最具代表性的资助育人项目。首先，从资助规模和标准看，2018年，研究生"三助"岗位津贴资助138.07万人次，资助金额64.22亿元；本科生勤工助学资助396.80万人次，资助金额31.00亿元。[①] 相比之下，研究生资助人数只有本科生的1/3，但资助支出却是本科生的两倍，占高校勤工俭学资助总额的六成多，其资助标准明显高于本科生；其次，研究生是当前高校勤工俭学的主力军，其参与"三助"工作的劳动强度和工作时间明显高于本专科生的勤工俭学活动，其管理机制也更加系统复杂。因此，对高校研究生"三助"管理机制进行考察，可以反映高校勤工俭学管理机制的基本概貌。基于此，本书将以研究生"三助"管理机制为主要研究对象，对我国高校勤工俭学管理机制进行考察。

（二）研究生"三助"工作的功能定位

功能决定目标。所以，要考察研究生"三助"管理机制的有效性和精准度，首先应对研究生"三助"工作的功能定位进行考察。自20世纪80年代我国高校建立"助教""助研""助管"岗位以来，国家对"三助"工作的功能定位日渐明确。随着"三助"岗位的规模和资助力度不断加大，研究生"三助"的功能定位发生了多元功能并重到培养为主的嬗变。关于这一点，可以在政策文本中得到反映。

1989年，国家教委在《关于进一步做好研究生兼任教学、科研和行政管理工作的通知》中提出，"为了适应高等学校研究生教育改革和人事制度改革的需要，加强研究生实际工作能力的培养，发挥研究生在教学、科研和行政管

---

① 全国学生资助管理中心.2018年中国学生资助发展报告［N］.人民政协报，2019-03-07（018）.

理工作中的作用，并在一定程度上改善研究生学习期间的待遇，各高等学校应全面推行研究生兼任教学、科研和行政管理工作"。2014 年，教育部颁布的《关于做好研究生担任助研、助教、助管和学生辅导员工作的意见》（以下简称《意见》）对其功能定位做了最明确的阐述。《意见》明确提出，"要进一步突出'三助一辅'的培养功能。研究生参加'三助一辅'工作，符合研究生培养规律和全面能力培养要求，并对培养单位的科研、教学以及管理具有重要的支撑或补充作用""但在实际工作中，还存在将'三助一辅'研究生单纯作为科研、教学、管理的支撑或补充，将'三助一辅'工作单纯作为助学助困渠道等倾向，相关管理还存在不够科学规范，限制了'三助一辅'作用的充分发挥"。因此，"培养单位要高度重视'三助一辅'工作，统筹协调'三助一辅'工作在能力培养、人力资源补充和助学助困渠道等方面的多重作用，按照'培养功能为主、其他功能为辅'的原则，做好管理体系建设、资源配置工作，优先保证培养功能的充分发挥"。

从上述政策文本中可以看出，在 20 世纪 80 年代末，研究生"三助"的功能定位就具有多元性的特点。2014 年《意见》颁布后，研究生"三助"工作进一步被明确为具有"能力培养、人力资源补充和助学助困渠道"三大功能，并且在三项功能中，"培养功能为主、其他功能为辅""优先保证培养功能的充分发挥"。基于此，可以对于这三项功能的内涵和定位作一简要分析。

第一，培养功能。培养功能是研究生"三助"工作的首要功能。育人为本是教育工作的根本要求，而研究生通过"三助"工作，在教师指导下参与学校的科研、教学和管理工作，有利于提高自身的实践能力和综合素质，实现教学育人、科研育人、管理育人的统一，促进研究生成长与发展，已成为高校研究生培养机制改革的重要工作。对于助研、助教和助管的具体功能和要求，在《意见》中已经得到了明确阐述："坚持把助研作为研究生科研能力培养的重要途径。'在科研和实践中培养'是培养研究生的基本模式。对于适合以助研方式进行科研训练的学科，研究生均应参加助研工作。要以培养目标和学位基本要求为依据，以有利于研究生成才成长和长远发展为目标，合理安排研究生的助研工作，避免单纯服从科研任务需要、工作内容简单重复，或缺乏必要的科研工作支撑、研究生不能参与足够科研训练等问题，保证研究生接受全面、系统的能力培养和训练。""提升助教对研究生能力培养和知识掌握的有效作用。研究生担任助教工作，有助于培养研究生从事教学工作的能力，增强研究生对相关知识的系统掌握和理解，是研究生在实践中培养的有效途径。要根据本单位研究生培养目标定位和不同学科特点，结合教学方法改革和教学工作实际需要，对研究生参加助教工作做出要求。要在承担作业批改和一般答疑工作的基础上，科学设计和充实助教工作内容，从工作、培养两方面提出要求和进行考核。通过更多参与课程教学准备，更多参与研讨式教学、案例教学的组织工作等，加大对研究生教学能力的培养力度，加深研究生对知识的系统掌握和理解。""重视通过助管工作加强研究生管理能力锻炼。在适度发挥助困作用的同时，重视助管工作对研究生协调、沟通能力和责任意识的锻炼。积极探索将实验室管理、学生咨询服务等纳入助管工作范畴，增强助管工作与专业学习的相关性，支持研究生组成项目小组合作开展工作，为研究生提供提出问题、分析问题和解决问题的全面能力训练。"

第二，人力资源补充功能。人力资源补充是研究生"三助"的重要功能。人力资源是我国经济社会发展的第一资源。相对其他人力资源，高校研究生具有学历层次高、学习欲望强、追求自主性和自我价值的特点。尤其是在新的时期，研究生规模不断扩大，形成了一支思想活跃、工作效率高、富有创新精神的教学、科研和管理辅助力量。因此，高校研究生参与"三助"工作，既能促进自身成长，也可以激活高校沉淀的人力资源，为学校发展提供劳动力支持，是研究生人力资源开发和利用的重要途径，对于压缩人事编制，提高行政效率，降低学校运转支出，深化以减员增效为主题的高校机构和人事改革具有促进作用。

第三，资助功能。资助功能是指研究生"三助"工作可以增加家庭经济困难研究生的收入，改善其学习生活条件，具有助学助困的功能。研究生"三助"制度产生于20世纪80年代。1989年，《关于进一步做好研究生兼任教学、科研和行政管理工作的通知》指出，应在提高研究生待遇水平的基础上，进一步推广研究生"三助"工作。20世纪90年代，研究生的待遇问题上升为社会难题被广泛关注，一些高校希望通过"三助"工作来寻求解决方案。20世纪末我国进行的大规模高等教育改革，使"三助"工作的资助功能更加凸显。2014 年《意见》规定，培养单位"统筹协调'三助一辅'工作在能力培养、人力资源补充和助学助困渠道等方面的多重作用"，再次肯定了研究生三助的资助功能。而在国内高校研究生"三助"管理中，也大多有家庭经济困难研究生优先的规定。

综上所述，研究生"三助"工作具有人才培养、经济资助和人力资源补充等三大功能，对学生、教师和高校三方都具有收益：对研究生本人而言，研究生"三助"工作可使其提高综合素质，减轻经济负担，也为其为今后从事相关职业提供了经验；对教师来说，它既帮助分担了工作压力，又与学生建立了更为密切的联系，方便对学生的指导；对学校而言，有利于降低师生比例，减少冗员和行政开支，提高了办学效益，是我国高校研究生培养与资助育人体系的重要环节。

二、调查方案

（一）研究的问题与意义

20 世纪末以来，随着研究生培养机制的改革，研究生"三助"工作的培养与资助功能更加凸显，许多高校将其作为研究生培养的载体，不断进行实践和探索；2005 年，教育部明确提出，力争在 3～4 年的时间内，使 60% 以上的在校研究生能够拥有"三助"工作岗位；近年来，随着精准资助育人工作的深入推进，研究生"三助"工作的覆盖面和重要性进一步提升；但是，随着研究生"三助"工作岗位数量的增多，研究生"三助"管理的难度开始凸显。例如，"三助"工作岗位涉及学生切身利益，学生申请和上岗过程如何才能真正做到公开、公平、公正，"三助"岗位如何设置，其薪酬水平如何制定，培训考核如何开展，这些重要的问题都有待明确；又如，"三助"管理工作涉及多个部门的协调，如何调节各种利益主体的权、责、利关系，保证"三助"管理工作的高效运作等，实践中还有不少疑问；此外，在具体管理工作中还存在"三助"研究生流动较快，岗位数量偏少，分布不平衡，研究生专业和工作不匹配等问题。总体来看，目前关于研究生"三助"工作的理论认知和管理实践都不乏模糊和粗放之处，已成为制约研究生"三助"工作成效的薄弱环节，所以在对上述问题加以研究的基础上，建立一套科学完备的研究生

"三助"精准管理机制具有重要的现实意义。

从相关研究看，目前国内对研究生"三助"的研究数量虽然不少，但无论在宏观研究层面，还是微观实践方面，总体上缺乏对高校研究生"三助"管理工作的系统性研究，更缺乏深入的实证调查和调研数据；有的研究即使使用了调查方法，但因为调查时间较早，研究成果已滞后于实践的最新发展；至于从"精准"理念出发，对管理机制进行的对策研究，就更加少见。基于此，本章将结合高校调研，对高校研究生"三助"管理的现状、成效、问题及成因进行分析，最后提出关于研究生"三助"精准化管理机制构建的对策建议。本调查不仅有助于深入了解研究生"三助"工作现状、问题与成效，促进研究生"三助"管理和培养机制改革，而且对于完善高校勤工俭学管理机制，提升高校精准资助育人成效，发展相关理论研究都有着重要的理论价值和现实意义。

（二）调查对象与调查方法

本书以中部地区某省属重点高校——J 大学为调查高校。J 大学是多科型省部共建高校。该校研究生教育起步于 1985 年，经过三十多年的发展，已经形成了一个从硕士到博士后、从学术学位到专业学位、从全日制到在职等多层次的研究生教育体系。截至 2016 年底，学校在校研究生规模达到 5000 多人，其中，全日制统招博士研究生 290 多人，全日制硕士研究生 3600 多人，在职专业学位研究生 1300 多人。为满足该校研究生的素质发展和经济需求，该校于 20 世纪 90 年代启动了研究生"三助"工作。近年来，随着学校发展，教师的教学、科研和管理任务增多，加大了对"三助"工作的需求量；同时，研究生寻求经济增收和实践能力提升的意愿也在加强。于是，越来越多的研究生参与到"三助"工作中。总体看，该校"三助"工作历史较长，覆盖面较广，管理经验也较为丰富，其"三助"管理方式在国内高校中具有相当的代表性，适合充当调研对象。

为了解该校研究生"三助"管理工作的现状与成效、问题与成因、经验与对策，我们对 J 高校进行了调查。本次调查以问卷调查为主，辅之以访谈法。

在问卷调查方面，研究生是"三助"工作的直接参与者，对"三助"管理有着最直观的认知和感受，能够为本研究提供最直接、最可靠的信息。因此，本书以J大学"三助"管理现状为研究主题，根据J大学"三助"岗位的实际分布情况，随机选取"三助"研究生作为本研究的调查对象。2017年9月至12月发放380份问卷，回收351份，回收率为92%；有效问卷330份，有效率为94%。

本次问卷共包含三个部分：第一部分为基本信息调查，旨在了解问卷参与群体的性别、年级以及专业等的分布情况；第二部分为具体内容调查，围绕研究生"三助"工作岗位设置、工作时间和工作报酬以及学生认知情况、主观满意度情况设置问题，以便更好地了解研究生"三助"工作的实施现状和问题；第三部分为开放式提问，以掌握学生对于"三助"工作的态度及诉求。根据出现的问题以及原因，有针对性地提出促进研究生"三助"工作精准化管理的对策建议。

在330份有效问卷中，男性138名，女性192名。男女比例为1:1.39。参与调研的男女比例相差不大，说明该校研究生"三助"选聘上不存在性别歧视，问卷中显示的男女比例差异应由在校生男女比例差异导致；从学科比例看，研二、研三比例分别为30.9%和54.55%。一年级的研究生参与程度低，为14.55%，其原因在于新生学业压力较大，而且环境较为陌生，对于招聘和工作要求不了解。从学科上看，文科和理科占比分别为48%和34%，工科和其他学科各自占比9%，这很大程度上是因为该校的文理科研究生占比人数多（见表3-1至表3-3）。

表3-1　　　　　　　　　　调研对象的性别统计

性别	男	女	合计
人数（人）	138	192	330
百分比（%）	41.82	58.18	100

表3-2　　　　　　　　　　调研对象的年级统计

年级	研一	研二	研三	合计
人数（人）	48	102	180	330
百分比（%）	14.55	30.9	54.55	100

表 3-3　　　　　　　　　　　调研对象的学科统计

学科	文科	理科	工科	其他学科	合计
人数（人）	158	112	30	30	330
百分比（%）	47.88	33.94	9.09	9.09	100

在访谈方面，本书选择了 8 位分别负责"助教""助研""助管"指导的教师进行访谈。访谈内容围绕指导教师对"三助"工作的理解认识、研究生"三助"工作的出发点及意义、"三助"师生关系、学生工作表现、用人单位的"三助"管理规范与流程以及培养成效等方面展开；此外，还对 20 位接受问卷调查的研究生进行了访谈，访谈内容围绕问卷展开，以进一步核实和深入挖掘问卷所获信息。

第二节　高校研究生"三助"工作的成效与问题

在国内高校研究生培养机制改革文件中，多数高校的"助管"和"助教"岗位由学校和学院设立，采取"按岗设酬，按岗考评"的管理原则，由学生提出申请，参与竞聘上岗；"助研"岗位则由导师根据科研需要提出申请，设立岗位，津贴由导师提供或者由导师和学校共同承担，津贴标准由导师在学校设定范围内调整，有的学校对"助研"津贴制定了统一的标准。[①] 在 J 大学的相关文件中，"助管"和"助教"的工作设置与管理办法也比较相似，可以整合成一个模块加以分析，对"助研"工作则单独进行分析，其工作流程见表 3-4。在这样一种工作制度下，高校研究生"三助"工作有何成效，又有何问题呢？本节将对此进行研究。

表 3-4　　　　　　　　　　J 大学研究生"三助"工作流程

工作流程	"助管"和"助教"	"助研"
岗位设置	由设岗单位提出岗位设置申请，提供的信息包括岗位名称、职责、岗位要求、岗位津贴、上岗起始时间、申请起始时间等内容，经职能部门审核通过后，由研究生院将岗位公开	在每学年开始前，确定招生名单后，导师根据招生情况，上报"助研"岗位信息，包括学生的姓名、身份证号、学院、专业、年级、学生类别等内容，并打印出"助研"协议，上交研究生院

　　① 方丹丹，韩锡斌，何良春，陈刚．研究生培养机制改革后的"三助"管理信息化研究［J］．中国教育信息化，2016（5）：38－40.

续表

工作流程	"助管"和"助教"	"助研"
岗位申请	研究生查看岗位信息，根据岗位要求和自身的条件，选择合适的岗位并提交岗位申请，申请包括个人基本信息、申请理由和银行账号等	研究生应申请并担任导师的"助研"，直接由导师决定岗位。如申请其他教师的"助研"，则应先得到导师的同意
岗位录取	设岗单位根据岗位需求对研究生的申请信息进行审核，有初步意向后，通知学生面试，面试完成后可录取或者拒绝录取研究生。选聘结果汇总表报研究生院备案	"助研"岗位，由导师选聘
上岗考核	设岗单位可以根据实际情况定期对上岗研究生进行考核，给出考核结果和意见。考核通过的学生，可获得相应的津贴。岗位考核不合格者，取消下一聘期应聘资格	参加"助研"的研究生应于聘期结束前一周向导师提交书面总结；导师应于聘期结束时对其工作予以考核。对于考核结果，由导师报研究生院备案
报酬发放	"助管""助教"报酬由设岗单位和学校提供，根据岗位与工作任务确定，一般为300～500元/岗/月，具体发放标准由培养单位根据资金总量和岗位设置情况决定	研究生"助研"报酬由学校下拨的研究生经费中的"三助"津贴和设岗导师部分科研经费组成，鼓励导师从科研课题经费中适当增发研究生"助研"岗位津贴

一、高校研究生"三助"工作的成效

本次调查显示，J大学研究生"三助"工作取得了显著成效，主要表现为以下方面。

第一，优化高校人事队伍，增加了人力资源，促进高校民主管理。随着高等教育快速发展，高校各部门的工作繁重，有研究生参与院校相关工作，可以为日常工作发挥协助作用。根据对指导教师的访谈，多数教师认为通过"三助"工作减少了行政性开支、提高了办事效率，同时给教师腾出了时间和精力。特别是针对学校科研课题和科研任务的阶段性、周期短的特点，以及高校管理工作中如招生咨询、报考、会务等事务的季节性、临时性特点，由研究生协助管理，可以优化高校人事队伍建设，形成"活多人多、活少人少、活无人走"的"零库存"动态管理模式。此外，访谈中指导教师还认为，研究生"三助"工作还推进了高校民主管理。研究生"三助"工作网络是研究生深入高校教学、科研、管理、服务一线，亲身参与学校各项工作的最佳途径和手段。通过参加"三助"工作，研究生亲身了解学校各项工作的运行机制和发展方向，切身体会学校的实际工作状况，有利于学生与校方的沟通互动，增强了学校的凝聚力。最后，大量研究生助理还可以起到对学校各项工作的即时监督作用，有利于学校完善各项工作。

第二，促进学生多方面发展，帮助学生树立职业意识。"三助"工作是促进研究生全面发展的重要途径，如果"三助"工作多方面促进了其成长，则说明研究生"三助"工作的功能发挥到位。

表3-5显示，"三助"工作给研究生的"经济支持"得分最高，为3.82分，表明"三助"工作的资助功能给学生留下了深刻的印象；其次是能力提升3.65分，社交能力和职业规划发展分别为3.18分和2.11分，其他得分为0.64。由此可见，该校"三助"工作对于学生多方面促进了学生发展；表3-6显示，67%的人在参加"三助"工作时，能够比较积极地完成工作；22%的人甚至愿意在工作上花费额外的时间和精力，而对工作持消极态度的研究生仅有11%，并且没有工作态度很不积极的学生。可见，研究生对待"三助"工作的态度是比较端正的。这也表明，"三助"工作有利于学生形成健康的职业态度和理念，为其今后的职业发展奠定了基础。

表3-5　　　　　　　　"三助"工作对研究生发展的促进情况

选项	平均综合得分
能力提升	3.65
经济支持	3.82
社交能力	3.18
职业规划	2.11
其他	0.64

注：表中平均综合得分是根据所有填写者对选项的排序情况计算得出的，它反映了选项的综合排名情况，得分越高表示综合排序越靠前。计算方法为：选项平均综合得分 = （Σ 频数×权值）/本题填写人次。其中，权值由选项被排列的位置决定。例如有3个选项参与排序，那排在第一个位置的权值为3，第二个位置权值为2，第三个位置权值为1。例如一个题目共被填写12次，选项A被选中并排在第一位置2次，第二位置4次，第三位置6次，那选项A的平均综合得分 = （2×3 + 4×2 + 6×1）/12 = 1.67分。

表3-6　　　　　　　　研究生对"三助"工作的态度

参加"三助"工作的态度	人数（人）	比例（%）
非常积极，并愿意在工作上花费额外的时间和精力	72	21.82
比较积极，但是只做自己时间和精力范围内的事情	222	67.27
不太积极，对工作只想投入有限的时间和精力	36	10.91
很不积极，完全不想浪费时间和精力在工作上	0	0

第三，满足了学生预期，学生主观满意度高。研究生在参与"三助"工作之前，对工作有一定的预期。表3-7显示，56.36%的研究生助理认为比较符合自己的预期和需要；5.45%的研究生助理认为超出预期，完全满足自己参与需要；36.36%的研究生认为低于预期，只满足了部分需要；仅有1.82%的学生认为完全未达到预期。这表明，"三助"工作符合超过多数研究生的预期和需要。

表3-7 "三助"工作与预期和需要的匹配度

选项	人数（人）	比例（%）
超出预期，完全满足需要	18	5.45
达到预期，基本满足需要	186	56.36
低于预期，部分满足需要	120	36.36
完全未达到预期和需要	6	1.82

研究生对"三助"工作的满意度是对其工作性质、报酬、制度及工作收获等的综合评定。表3-8、表3-9和表3-10显示，在工作内容和工作时间方面，"助管"的满意度最高，分别占比51.73%和48.28%。在工作报酬、培训及考核制度方面，均为"助教"满意度最高。在指导教师方面，"助研"的满意度最高，为57.15%。不难看出，调查结果与"助教""助研""助管"的岗位特征相符，"助管"工作要求较低，工作内容轻松易操作；"助教"直接面对学生，对职业技能的要求更高，因此在培训考核上更加规范；"助研"岗位的指导教师即学生导师，师生交往更加密切，学业收获也更多。表3-11显示，总体来看，对"三助"工作表示"满意"和"比较满意"的学生占比分别为14.55%和41.82%；超过半数；仅有5.45%的学生表示"不太满意"，没有学生表示"很不满意"。可见，多数研究生对"三助"工作的总体满意度是较高的。

表3-8 研究生对"助管"工作的满意度

单位:%

选项	很不满意	不太满意	一般	比较满意	满意
工作内容	0	3.45	44.83	48.28	3.45
工作时间	0	17.24	34.48	44.83	3.45
工作报酬	0	10.34	65.52	20.69	3.45
培训制度	3.45	20.69	51.72	24.14	0

续表

选项	很不满意	不太满意	一般	比较满意	满意
考核制度	3.45	10.34	55.17	31.03	0
指导教师	3.45	6.90	37.93	27.59	24.14

注：这里的满意度为比较满意与满意百分比之和。

表 3 – 9 　　　　　　　　研究生对"助教"工作的满意度

单位:%

选项	很不满意	不太满意	一般	比较满意	满意
工作内容	0	8.33	41.67	50.00	0
工作时间	0	0	58.33	41.67	0
工作报酬	0	8.33	50	33.33	8.33
培训制度	8.33	16.67	50	25	0
考核制度	8.33	8.33	50	33.33	0
指导教师	0	8.33	33.33	41.67	16.67

表 3 – 10 　　　　　　　　研究生对"助研"工作的满意度

单位:%

选项	很不满意	不太满意	一般	比较满意	满意
工作内容	7.14	0	57.14	28.57	7.14
工作时间	7.14	7.14	50	35.71	0
工作报酬	21.34	35.71	28.57	14.29	0
培训制度	14.29	28.57	42.86	14.29	0
考核制度	14.29	35.71	42.86	7.14	0
指导教师	7.14	7.14	28.57	42.86	14.29

表 3 – 11 　　　　　　　　研究生对"三助"工作的总体满意度

单位:%

满意度	很不满意	不太满意	一般	比较满意	满意
占比	0	5.45	38.18	41.82	14.55

综上所述，J校的研究生"三助"工作在人才培养、经济资助和人力资源补充方面发挥了其作用，学生的满意度也较高，其成效是显著的。

二、研究生"三助"管理存在的问题与成因

（一）专业不对口，人岗不匹配，个人价值难体现

在"三助"工作中，由指导老师分配工作给研究生，研究生协助指导老

师完成工作。表 3 – 12 显示，"助教"的主要工作首先是配合老师做好教学准备工作，协助老师组织课堂讨论，平均综合得分为 1.98；其次是帮助老师制作课件，批改作业和试卷，该类工作综合得分 1.71；再次是辅导答疑、指导实验或实习，得分 1.16；工作内容涉及讲课和其他的得分偏低，分别为 0.69 和 0.51。总体来看，工作层次偏低。"助管"的工作内容繁杂琐碎：首先是接电话、查资料等办公室事务，该项工作内容得分 3.07；其次是报账、收发信件、送材料等临时性任务，得分 2.8；再次是学生工作的得分为 1.49；还有 1.45 的得分表示部分研究生需要为主管老师代办其私事。"助研"工作与专业学习及科研项目的联系较为紧密，其主要工作首先是搜集、整理资料，得分 1.96；其次是做实验、分析数据，得分 1.51；再次是撰写简报、综述、论文等，这类工作得分为 1.31；实地调研、出外考察等工作形式得分 1.25。

表 3 – 12　　　　　研究生"助教""助管""助研"的工作内容

"助教"		"助管"		"助研"	
工作内容	平均综合得分	工作内容	平均综合得分	工作内容	平均综合得分
制作课件，批改作业、试卷	1.71	接电话、查资料、整理数据等办公室事务	3.07	搜集、整理资料	1.96
配合老师做好教学准备、组织课堂讨论	1.98	报账、收发信件、送材料等临时性任务	2.8	做实验、分析数据	1.51
辅导答疑、指导实验或实习	1.16	兼职辅导员、代理班主任等学生工作	1.49	撰写简报、综述、论文等	1.31
讲课	0.69	老师的个人私事	1.45	实地调研、出外考察	1.25
其他（请填写）	0.51	其他（请填写）	0.45	其他（请填写）	0.36

注：表中平均综合得分是根据所有填写者对选项的排序情况计算得出的，它反映了选项的综合排名情况，得分越高表示综合排序越靠前。计算方法为：选项平均综合得分 =（Σ 频数 × 权值）/本题填写人次。其中，权值由选项被排列的位置决定。例如有 3 个选项参与排序，那排在第一个位置的权值为 3，第二个位置权值为 2，第三个位置权值为 1。例如一个题目共被填写 12 次，选项 A 被选中并排在第一位置 2 次，第二位置 4 次，第三位置 6 次，那选项 A 的平均综合得分 =（2 × 3 + 4 × 2 + 6 × 1）/12 = 1.67 分。

调查结果说明，"三助"工作存在人力资源浪费现象。在三种研究生助理类型中，"助教"的工作参与程度最低，主要是做一些教学辅助工作，而较少涉及如讲课类的高层次工作；"助管"的工作参与程度介于"助教"和"助研"之间，其工作内容主要是简单的办公室日常事务；相对而言，"助研"工作更能得到科研训练，因此其工作参与程度是最高的。然而与"助教""助管"一样，"助研"的工作内容集中在搜集整理资料等简单工作，复杂工作较少涉及。值得注意的是，研究生助理在"其他"选项下填写的各类工作内容中，"帮助老师做私事"占了较大比例，表明部分研究生助理成为教师的"私人秘书"。如果持续这种用人状态，拒绝对"三助"学生进行深层次地培养，学生工作容易失去动力，降低工作质量。由于工作简单琐碎，表3-13显示，多数学生认为"三助"工作内容轻松，仅有14%的学生表示有难度或难度较大；表3-14显示，30.91%的研究生认为，"三助"工作没有体现自身价值，这就需要引起管理部门的重视。

表3-13　　　　　　　　研究生"三助"工作的难易程度

单位：%

难易程度	很难	有一定难度	一般	比较轻松	非常轻松
占比	1.82	12.73	40	43.64	1.82

表3-14　　　　　　　　"三助"工作对个人价值的体现

研究生的看法	人数（人）	所占比例（%）
非常能体现自己的价值	24	7.27
比较能体现自己的价值	204	61.82
几乎没有体现自己的价值	102	30.91
完全不能体现自己的价值	0	0

尽管完成指导老师布置的任务是研究生助理的工作职责，但低层次工作成为主要工作内容，研究生的能力就不能得到更好的锻炼和发挥，对于用人部门来说也是一种损失，不能很好地起到人力资源补充功能。水平较高的研究生不满足于在此类工作中耗费时间，部分态度不端正的研究生则将此作为一种轻松拿钱的手段，这与"三助"工作的培养初衷是相背离的。

专业不对口也是人力资源浪费的体现。图3-1显示，首先"助研"与专业相关度最高，79%的研究助理表示工作与专业知识完全相关或基本相关；其次是"助教"，75%的教学助理认为工作与专业知识基本相关或完全相关；相关程度最低的是"助管"，只有34%的管理助理认为工作与专业基本相关。表3-15显示，45.45%的研究生认为"三助"工作与自己所学专业之间的联系不大。总体而言，"三助"工作与专业知识的相关程度一般。由此可见，"三助"工作人岗匹配度低是造成人力资源浪费明显的主要原因。

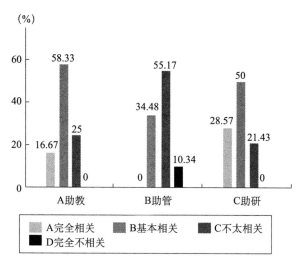

图3-1 "助教""助管""助研"岗位与专业相关情况

表3-15 "三助"工作内容与专业知识相关程度

选项	人数（人）	比例（%）
完全相关	36	10.91
基本相关	144	43.64
不太相关	132	40
完全不相关	18	5.45

（二）薪酬来源单一，薪酬标准与实际工作负荷和经济需求脱节，不合乎"分配精准"和"力度精准"的精准资助要求

从薪酬标准与工作量的关系看，表3-16显示，超过三成的学生表示每周只需要到岗一次或两次，而14.55%的学生则需要一周到岗五次甚至更多；表3-17显示，14.55%的学生每月工作时间不足10小时，而20%的学生每月工作40小时以上。由此可见，"三助"工作在工作量分配上存在较大差异。表3-18显示，56.36%的研究生助理的月工资水平在200～500元之间，29.09%的研究生助理的月工资水平在500～800元的工资水平，"三助"月工资低于200元和800元以上的同学占比相同，均为7.27%。可见，研究生"三助"的薪酬差异较大。表3-19显示，有近半数的学生认为，自己的劳动报酬偏低，与劳动付出不成比例，没有实现多劳多得。

表 3 – 16   研究生"三助"到岗频率

单位:%

频率	一周一次	一周两次	一周三次	一周四次	一周五次及以上
占比	16.36	16.36	38.18	14.55	14.55

表 3 – 17   研究生"三助"月工作时间

单位:%

工作时间	40 小时以上	30 ~ 40 小时	20 ~ 30 小时	10 ~ 20 小时	不足 10 小时
占比	20	9.09	21.80	34.55	14.55

表 3 – 18   研究生"三助"工作的月均工资水平

单位:%

月均工资	低于 200 元	200 ~ 500 元	500 ~ 800 元	800 元以上
占比	7.27	56.36	29.09	7.27

表 3 – 19   研究生对于"三助"薪酬水平的看法

单位:%

选项	比例
较高,超过了自己在工作中的付出	5.45
适中,能够体现自己在工作中的付出	47.27
较低,没有体现出自己在工作中的付出	29.09
很低,与自己在工作中的付出不成比例	18.18

其后在进一步的调查中发现,研究生助理对于劳动薪酬的意见源自薪酬水平并未与工作量挂钩。有些相对高薪的岗位,其工作量非常小,而工作负荷饱满的岗位,薪酬水平却偏低。例如,对于"助教"岗位,由于课程类型和授课方式千差万别,有的"助教"工作量很大,有的"助教"工作量较小,薪酬水平却一样;"助研"岗位更是如此,有些"助研"每天都在各类实验和课题项目中,有些"助研"几乎从未做过相关工作,只需安排好自己的学习。这种"一刀切"的薪酬标准显失公平,因此部分学生认为自己受到了不平等待遇,转而产生消极情绪。

再从薪酬标准和经济需求的关系看,关于"三助"薪酬在月收入中所占比例,表 3 – 20 显示,84%的研究生表示不足月收入的一半,其中47.27%的学生表示不足月收入的20%;仅有16%左右的学生表示"三助"收入超过月收入的一半。访谈中,多数研究生认为,每个月几百块的"三助"工资偏低,难以满足基本需要,这种观点在那些工作量较大的"助研"中间尤为常见。

因此从整体上看，"三助"薪酬虽然对学生具有资助功能，但其力度比较有限。

表 3-20　　　　　　　"三助"薪酬占研究生助理月总收入比重

单位:%

月总收入比重	不足20%	20%~50%	50%~80%	80%以上
占比	47.27	36.36	10.91	5.45

可见，现行的"三助"薪酬制度设计不仅没有与研究生经济需求挂钩，而且薪酬分配中没有体现"多劳多得"的分配原则。事实上，研究生素质较高，用工成本相对低廉，对工作条件要求也不高，如果到社会上兼职，其工资报酬和工作环境对研究生也很有吸引力，社会也很欢迎。如果"三助"工作不能调整薪酬制度，将很难阻挡研究生转向条件更优厚的"社会大舞台"。

通过对部分高校研究生培养机制改革文件的分析，薪酬制度缺乏弹性与薪酬来源单一有关：目前，多数高校的"助管""助教"岗位由学校和学院设立，其经费来自学校拨款，标准由设岗单位根据学校设定的上下限进行调控。由于酬金由学校出资，任课教师对于"助教"薪酬不关心也不愿干涉，所以有些"助教"即便教学表现不佳也能获得薪酬；对于"助管"岗位，学校主要从助学帮困角度提供拨款，"助管"聘用部门主要从补充人力资源角度，分配给"助管"低难度的工作，"助管"则以拿钱干活的态度从事工作，缺乏责任心和主动性；"助研"薪酬由导师提供，或导师和学校共同承担，津贴标准由导师在学校设定的范围内调整。由于有些导师经费有限，再加上认为学生作用有限，因而对招收"助研"持消极态度。由此可见，薪酬制度缺乏弹性的重要原因是"三助"资金来源渠道单一，师生均缺乏必要的物质刺激和积极性。我国高校研究生"三助"亟须扩展其资金来源渠道。

(三) 日常管理不规范，人员流动性大

日常管理的严格规范程度是提高"三助"工作和人才培养成效的关键。然而在国内多数学校，"三助"工作的日常管理总体上比较简单松散，有的高校缺乏具体规定，有的学校即使有相关规定，也未得到严格执行。再加上研究生"三助"岗位分布在教学、管理、科研等不同领域，"三助"研究生从事的工作千差万别，许多岗位难以用量化的标准来衡量其工作效果的好与坏，这给"三助"工作的日常管理造成了一定的困难。这导致"三助"工作流于形式，工作质量不稳定，未能充分发挥人才培养功能。

例如，在选聘方式上，国外很多大学不仅对于申请"助教"工作的研究生绩点做出最低要求，同时还要求研究生接受系统培训后才能担任相关工作，而国内高校很少作出具体的规定。例如，J大学规定了三助岗位竞聘，需通过面试，然而表3－21显示，49.09%的同学表示没有参与任何的考察直接上岗，34.55%的学生表示入职前参加了面试，12.73%的学生参加了综合测试，剩下3.64%的研究生助理通过笔试入岗。可见，J大学研究生的"三助"选聘流程不够规范，这在国内高校具有相当的普遍性。

表3－21　　　　　　　　研究生"三助"的选聘方式调查

选项	人数（人）	比例（%）
笔试	12	3.64
面试	114	34.55
综合测试	42	12.73
无考察	162	49.09

在岗前培训方面，67%的研究生助理认为岗前培训"非常必要"或"比较必要"（见表3－22）。而从实际情况看，只有25.45%的研究生助理参加过岗前培训，74.55%的研究生助理没有参加过岗前培训（见表3－23）。岗前培训的缺乏，使学生在上岗初期会感到无所适从，进而影响"三助"工作质量。

表3－22　　　　　　　　研究生助理对于岗前培训的态度

单位：%

态度	毫无必要	不太必要	比较必要	非常必要
占比	3.64	29.09	36.36	30.91

表3－23　　　　　　　　研究生助理参加岗前培训的实际比例

单位：%

状态	参加	没有参加
占比	25.45	74.55

在日常考核方面，约75%的研究生助理认为实施考核"比较必要"或"非常必要"（见表3－24）。为此，J大学规定"可以根据实际情况定期对上岗研究生进行考核，给出考核结果和意见。考核通过的学生，可获得相应的津

贴，岗位考核不合格者，取消下一聘期应聘资格"。然而从实际情况看，仅有43.64%的研究生助理进行了考核，还有56.36%的"三助"岗位是没有进行考核工作的（见表3－25），表明这一规定并未得到普遍执行。

表3－24　　　　　　　　　研究生助理对于岗位考核的态度

单位:%

态度	毫无必要	不太必要	比较必要	非常必要
占比	5.45	20	52.73	21.82

表3－25　　　　　　　　　研究生助理参加岗位考核的比例

单位:%

状态	参加	没有参加
占比	43.64	56.36

当竞聘、培训与考核这些规范管理要素缺位时，一切就只能依赖于学生的个人能力和自觉性，因此造成了人才培养成效受到限制，用人单位凝聚力不强，这就进一步导致了"三助"人员流动性较大。表3－26显示，70%的研究生助理任职不超过一学期，仅有3.64%的学生任职一年以上。这就导致了设岗单位需要不断耗费资源投入新人培训，同时新手经验不足，容易降低"三助"工作效率。

表3－26　　　　　　　　　研究生助"三助"连续在岗时长

单位:%

在岗时长	两个月以下	两个月至一学期	一学期至一年	一年以上
占比	20	50.91	25.45	3.64

（四）宣传不到位，导致认知偏差，影响工作成效

广大硕士研究生对"三助"工作认知情况体现了学校宣传工作的力度。"三助"工作应以培养功能为主，其他功能为辅，而许多研究生助理对此理解不正确。表3－27显示，对于参加"三助"工作的首要目的，36.36%的学生选择为了"增加收入，缓解经济压力"；选择"学习知识，提高科研水平"的研究生有18.18%，选择"个人兴趣"和"结交人脉"的研究生分别占1.82%和3.64%。由此可见，虽然国家早已明确了研究生"三助"以培养功能为主的定位，但仍有36.36%的研究生把经济增收作为首要目的，颠倒了"三助"功能定位的主次关系，影响了育人效果。在访谈中有些学生表示，他们一直将"三助"工作看作学校补贴研究生的手段，对其培养功能所知甚少。

表3-27　　　　　　　研究生参与"三助"工作的首要目的

目的	人数（人）	所占比例（%）
增加收入，缓解经济压力	120	36.36
锻炼能力，积累工作经验	132	40
学习知识，提升科研水平	60	18.18
个人兴趣	6	1.82
结交人脉	12	3.64

对于学校的三助制度，表3-28显示，53%的学生"不太了解"或"完全不了解"，只有3.64%的学生选择非常了解。在访谈中了解到，虽然学校对"三助"工作有相应的管理制度，但依旧有很多研究生不了解，同时，由于缺乏规范详细的规定，研究生助理对岗位的理解经常会与岗位设置者的初衷脱节，形成信息不对称现象。另外，院系的公开竞聘是在校生了解并参与"三助"工作的主渠道，然而表3-29显示，仅有5.45%的学生表示是通过该渠道获取招聘信息，多数学生是通过老师推荐（47.27%）或是同学推荐（34.55%）上岗，影响了竞聘公平。这一方面体现了学校"三助"选聘制度的不规范，另一方面也说明"三助"政策的宣传普及不到位。

表3-28　　　　　　研究生对学校"三助"制度的了解程度

单位:%

了解程度	非常了解	基本了解	不大了解	完全不了解
占比	3.64	43.64	45.45	7.27

表3-29　　　　　　研究生获取"三助"工作招聘信息的途径

单位:%

途径	社交群通告	同学推荐	公开招聘	老师推荐
占比	12.73	34.55	5.45	47.27

认知偏差在一定程度上还造成了师生关系的疏离。和谐的师生关系对于提高人才培养和工作成效有重要意义。而表3-30显示，47.27%的学生认为自己与指导教师是朋友关系，21.82%的学生认为是师徒关系。但也有25.45%的学生认为是单纯的雇佣关系，约5%的学生与岗位指导老师的关系并不融洽。当研究生处于紧张的师生关系中，工作成效和个人成长必然受到影响；研究生与指导教师的交流频次也是影响工作成效和研究生个人成长的重要因素。

表 3 – 31 显示，有 40% 的研究生工作之外较少与指导老师沟通，不利于工作开展和研究生的成长。有的研究生甚至与指导教师关系恶化，以至于需要学校的仲裁和调解。

表 3 – 30　　　　　　　　　　"三助"研究生与岗位指导老师的关系

单位:%

关系	师徒关系	朋友关系	雇佣关系	没有关系	其他
占比	21.82	47.27	25.45	3.64	1.82

表 3 – 31　　　　　　　　　"三助"学生与岗位指导老师的交流情况

选项	人数（人）	比例（%）
很多，除了工作外，老师还经常关心你的生活、学习等问题	66	20
较多，经常与指导老师交流探讨工作，建立了良好协作关系	132	40
较少，除了工作外，和老师较少进行交流	132	40
很少，和老师基本上没有交流	0	0

访谈中发现，认知偏差是导致师生关系趋于紧张的重要因素。有的岗位指导教师不清楚"三助"管理者的人才培养责任，偏重关注工作本身，却对研究生的个人成长需求缺乏关注；有的指导教师将研究生助理等同于一般雇佣关系的劳动力，或认为研究生终究是学生，工作中不敢压担子，致使"三助"工作停留在简单劳动上，研究生的主动性、创造性难以得到充分发挥，这样既不利于研究生的培养，也阻碍了"三助"工作向更高层次的发展；此外，部分研究生工作态度敷衍，交往缺乏主动性也是师生关系淡漠的重要原因。

第三节　美国高校研究生助理制度的经验借鉴

就名称而言，国外并无"三助"的统一提法，其相应的称谓是"研究生助理"。研究生助理制度起源于美国，发展得也最为完善。19 世纪末，哈佛大学首创了研究生"助教"制度，要求研究生除学习专业知识外，还要协助导师的教学工作。此后，经过 100 多年的实践探索和研究，研究生助理工作已成为美国研究生训练的一个重要部分，研究生往往要投入大量时间在教学或研究助理工作中，以提升实践能力。与此同时，美国研究生助理管理制度趋于成熟完善，为我国开展研究生"三助"工作的精准管理提供了国际经验。

一、美国研究生助理制度的发展

美国是实现研究生助理制度最早的国家。1899 年，哈佛大学接受了一笔数量可观的捐赠，并利用这笔资金为研究生创立了 30 个研究基金，其中就有涉及教学助理的内容，要求研究生除了学习专业知识外，还应将部分时间用于协助教师做好教学工作。[①] 让研究生担任教学助理，不仅使他们能得到资助，还可以提高其教学能力和人际交往能力，从而提高其就业水平，同时还可以缓解高等教育大众化过程中师资力量不足的压力。此后，研究生教学助理制度得以在美国高校推广。二战后，美国通过了《军人权利法案》，美国大学人数猛增，导致师生比例失调，于是各大学开始大批聘用研究生担任教学助理。与此同时，科研助理和行政助理也开始普遍化。在这一背景下，美国高校对研究生助理制度重新进行了审视，并成立了专门的管理部门，对研究生助理的培养目标、岗位设置、岗位职责、人员招聘、选拔标准，工作时间与期限以及相应的培训与奖励制度等都作了详细的规定。使研究生助理制度越来越专业化、规范化。

随着研究生助理人数的增多，研究生助理与学校之间开始因工作时间、报酬等因素出现矛盾。学者认为，研究生助理是学校的"廉价"劳动力，他们承担了部分教师的工作，由此研究生与大学之间产生了雇主与雇员的关系；而且如果大学没有研究生助理的支持，专职教师的工资可能会停滞，因此成立工会理所应当；但两者之间的劳动关系并不影响学生与导师之间的关系，反而可以改善两者之间的关系。[②] 为保障研究生助理的权益，1969 年，威斯康星大学麦迪逊分校成立了美国大学中的第一个研究生助理工会，之后在加州大学伯克利分校、耶鲁大学、哥伦比亚大学等学校都陆续成立了类似的组织。多年来，研究生助理工会对确认和强化研究生助理的劳动者身份、维护研究生助理权益、增进同行交流、改善师生关系、促进师资培养等方面都有明显的促进作用，进一步促进了研究生助理工作的专业化和规范化。

---

① 卢丽琼. 浅析美国高校研究生"助教"制度及启示 [J]. 复旦教育论坛, 2005 (1)：63.

② Lafer G. Graduate Student Unions：Organizing In A Changed Academic Economy [J]. Labor Studies Journal, 2003, 28 (2)：25 –43.

二、美国研究生助理的管理机制

美国研究生资助体系发展至今，研究生助理制度与培养模式相辅相成，支撑美国的研究生教育始终处于世界一流水平，为其国家科技创新做出了重大贡献。美国研究生助理的工作职责是辅助教师教学、科研和管理工作，具体包括教学助理（research assistant，RA）、科研助理（teaching assistant，TA）、管理助理（administrative research assistant，ARA）三类岗位，并将通过参与上述服务而获得的资助称为服务性奖学金。由于教学、科研和管理的工作职能与内容不同，所以其相应的管理机制也存在某些差异；此外，在美国各类研究生助理制度中，以教学助理制度最为完善，其管理机制可以视为研究生助理管理机制的代表。

在美国，高等教育具有多元化的显著特点，不同类型的学校的教学内容、教学方式和任务各不相同，因此教学助理制度也存在校际差异。在同一所学校，其教学助理制度又可以分为学校和系两个层次：学校标准是指学校对各个教学院系教学助理的共同要求标准，如课程学分要求、语言要求等，主要由研究生理事会和教学发展委员会全面制定教学助理的资格标准；不同的院系又有自己的标准，主要由系主任来制定各种规则。教学助理的选用主导权在于各个院系，其选拔标准是在学校标准的基础上，按各院系需要招聘人数等实际情况而拟订的。例如，斯坦福大学生物科学"助教"，不仅要有生物方面的学科知识，还需要实验教学的经验。[1] 同时，各校、各学科和各院系的研究生助教管理机制的内容又有相似性，它通常包括以下内容。

第一，工作时间。在美国大学中，教学助理的任期通常为一年，或是以学期为计算单位。教学助理的工作时间通常是正式职工的一半，各个大学的教学助理每周的工作时间会有所差异，一般在 10～30 小时之间；为了方便与学生交流，所有的教学助理都要求每周安排固定的办公时间，接待学生的咨询。

第二，工作报酬。根据美国劳动部 2008 年 5 月的《职业与就业情况》的

① Abbottrd，Wulffud. Review of Research on TA Training［J］. New Directions for Teaching and Learning，1989（39）：111－124.

调查显示，美国大学中共有教学助理 124380 名，年平均工资为 31710 美元。①由于美国教育多样化的发展，教学助理工作报酬存在巨大差异，每个学校支付工作报酬水平都会依据自己学校和院系的情况调整。

第三，工作职责。授课是教学助理的工作内容，助理承担和负责小班级的授课，回答学生对课程内容的疑问；组织学生讨论；指导学生复习；固定时间接受学生的当面咨询；批改作业，有的教学助理还参与期末评分；指导实验；作为教师和学生之间的中间人，及时反馈教师和学生方面的信息等。②

第四，培训激励制度。美国助教培训普遍而完善，拥有"为未来教师做准备"（preparing future faculty，PFF）③ 等教学助理培训项目。其培训课程包括必修课和选修课，有短时课程也有学期课程，课程内容包括对研究生助理的角色定位、工作时间管理、师生交流的技巧等。各院系还提供教学助理手册，介绍教学助理的权利和责任。美国威斯康星大学"科研、教学与学习整合中心"的一项评估结果显示，相比没有参加培训项目的研究生，参加培训的教学助理更懂得应用教学策略，本科生的学习效果更好。④ 此外，美国高校对研究生助理的专项奖励也非常完善，如哈佛大学课程"助教"每学期的酬金在 3000~4000 美元之间，还能享有额外的图书馆特权。

第五，考核评估制度。美国大学对教学助理的评估可以分为课后评估、学期中评估、学期末评估；课后评估指通常是教学助理上课时，指导教师作为课堂中的旁观者记录课堂实况，在课后为教学助理提出建议；学期期中评估指专职管理部门及院系在学期中期会向学生发放调查问卷，然后根据回收的问卷对教学助理的工作给出评定和建议；学期期末评估是在学期期末系管理部门指定一位教学经验丰富的教师，与教学助理一同对教学助理的工作优缺点给予总结

① Parkc. The Graduate Teaching Assistant（GTA）：Lessons from North American Experience [J]. Teaching in Higher Education，2004，9（3）：349－361.

② Bosrr，Zakrajsekdb，Wolfv，et al. Teaching Assistant Traits：Their Influence on Student Ratings [J]. Improving College and University Teaching，1980，28（4）：179－185.

③ Preparing Future Faculty Program，该计划由美国研究生院委员会和美国大学与学院联合会共同组织，在 1993~2003 年得到了美国自然科学基金会、皮尤慈善信托基金、大西洋慈善组织等机构的资金支持。

④ R. Mathieu，et al. Annual Report on the Center for the Integration of Research，Teaching and Learning （CIRTL）.

和指导，其结果直接影响教学助理的续聘。①

表3-32将美国研究生助理岗位与中国的"三助"岗位进行对比分析，可以发现，两者之间既有相似之处，也存在某些差异。以借鉴国外高校成熟的制度和经验，为我国研究生"三助"管理工作的精准化体系构建提供思路。今后，我国高校要把助理招聘和资助工作紧密结合，建立和完善研究生经济情况调查制度，提倡有偿资助。同时，借鉴美国多方筹措经费、完善评估和培训机制等的相应经验，进一步推动国内高校研究生"三助"精准化管理体系的构建和完善，促进"三助"工作的持续、有效、稳定的发展。

表3-32　　美国 RA、TA、ARA 岗位与中国"三助"岗位管理制度比较

中国	美国	相同点	不同点
"助研"	RA	协助教授完成科学研究工作，学生的研究背景是申请的重要条件	RA 酬金由教授的研究经费支付，中国"助研"酬金来源在研究经费的基础上，通常增加学校配套资助*
"助教"	TA	协助教授完成本科教学的工作	美国 TA 酬金由教学院系支付，申请者要求具有一定的口语能力，有些高校还有绩点要求，对于"助教"有完整的培训体系。中国"助教"酬金由学校支付，很多高校对于"助教"的培训未形成完整体系**
"助管"	ARA	协助高校学术部门、行政机构、后勤部门等的日常管理工作	ARA 酬金来源由联邦政府拨款+学校配套，申请者的经济条件是获得岗位的重要依据，除了校内岗位，还有校外社区服务岗位。中国"助管"岗位酬金由学校支付，所有全日制研究生都可以申请，同等条件下会优先考虑家庭经济困难学生***

注：* 温静．美国联邦政府研究生资助政策研究［D］．重庆：西南大学，2012.

** 都昌满．美国高校研究生"助教"的培训制度与做法［J］．学位与研究生教育，2015（5）：67-71.

*** 谢矜，王晓莉，肖宝华，汪健．深化教育改革背景下研究生"三助"制度设计的思考［J］．学位与研究生教育，2015（5）：50-56.

资料来源：霍莉，李兰．从"助学"到"培养"——研究生"三助"岗位制度创新的思考［J］．研究生教育研究，2016，（6）：27-30.

---

① Craigjs. Teaching Assistant Collective Bargaining At The University of Wisconsin-Madison［C］. Employment And Education Of Teaching Assistants. Institutional Responsibilities And Responses：Readings From A National Conference. 1989（53）：53-60.

第四节　高校研究生"三助"精准管理机制构建

研究生"三助"工作已成为研究生培养模式的重要组成部分，然而前面的研究表明，粗放管理在一定程度上影响了"三助"工作的资助育人成效。因此，加强研究生"三助"工作的精准化管理，是高校精准资助育人体系建设的必然要求。

一、研究生"三助"管理的基础平台建设

研究生"三助"精准化管理体系的构建，首先应从舆论环境、组织机构和制度建设三方面入手，以搭建"三助"管理的基础平台。其内容包括以下方面。

第一，舆论环境建设。研究生"三助"工作对于人才培养、贫困帮扶和学校发展都有积极意义，应当受到学校的高度重视。然而在实践中，许多师生认为"三助"工作与己无关，削弱了"三助"工作的实施成效。因此，学校首先应加大对研究生"三助"工作的宣传力度，使广大师生充分认识"三助"工作对于学校发展、人才培养和自身工作的相关性，进而使"三助"工作深入人心，提高全员参与的积极性；其次，在"三助"工作的竞聘、培训和考核的各个环节，学校也应加大信息公开力度，让"三助"工作的管理规范深入人心，也使"三助"工作在公正、公平、公开的环境下运行。

第二，组织机构建设。研究生助理是在校研究生，但又是学校工作人员；同时，"三助"工作还涉及诸多部门与教师。一旦工作中发生问题，容易产生管理缺位、多头管理的情况，缺乏深度的组织协调。所以要推进"三助"精准化管理，还必须成立研究生管理部门与人事部门联合组成的专职管理机构，统一协调"三助"管理工作，以建立"三助"精准化管理的组织平台。

第三，制度建设。许多高校出台了相关制度以管理"三助"工作，但由于相关规定过于笼统，弹性较大，具体到岗位的培训、考核等细节工作时，没有明确的规章制度可以参照执行处理，更缺乏量化可操作的执行办法，解决问题起来缺乏依据和说服力。因此，今后高校应健全细化岗位设置、人员选聘、

岗前培训和工作考核等诸项管理机制，以建立"三助"精准化管理的制度平台。

二、需求精准：按需设岗，促进人岗匹配

从研究生"三助"精准管理改革的具体环节看，主要包括需求精准、对象精准、过程精准和成效精准四方面的措施。

在以往高校勤工俭学的管理办法中，设岗原则为以工时定岗位，即按每个家庭经济困难学生月平均上岗工时不低于 20 小时为标准测算出学期内全校每月需要的勤工助学总工时数，然后根据家庭经济困难学生总数统筹安排，设置校内勤工助学岗位。设置的岗位数量既要满足学生的工时需求又要保证学生不因参加勤工助学而影响学习。这种岗位设置办法只考虑了学生的资助需求，却忽视了实际的工作需求，可能造成人浮于事，学生也很难得到真正的锻炼和提高。2014 年颁布的《关于做好研究生担任助研、助教、助管和学生辅导员工作的意见》中已经明确提出，研究生"三助"岗位设置的原则由工时定岗的原则调整为以工时定岗与以需求定岗相结合的原则设置岗位。因此，今后的研究生三助岗位设置应强化"需求定岗，人岗匹配"的原则。

在需求定岗方面，学校和各院系应在发布"三助"岗位招聘计划前，面向全校或全院系征集"三助"岗位用人需求。在听取用人部门意见后，进行比较和筛选，再面向学校和院系的研究生发布用人需求。对于工作负荷向来较大，人手编制不足的传统"三助"岗位，应予以优先考虑；同时对于某些季节性和临时性工作负荷剧增的部门和教师，也应予以一定的照顾，这样保证学生上岗后，有足够的工作锻炼机会，也能切实提高学校的工作效率。

需求决定岗位，岗位决定职责。一份工作的岗位设置与其职责是相对应的。因此，在进行"三助"工作岗位设置时应对研究生的工作职责、时间安排以及任务等信息都做出详细的说明。表 3-33 是根据各大高校的"三助"工作细则整理汇总得出的关于研究生"三助"岗位职责表。按照"需求定岗，人岗匹配"原则，对于不同需求类型和工作职责的岗位，对"三助"人员招聘应加以区分。其中，"助教"岗位注重培养教学技能，因此应安排研究生所学专业与岗位相关并且对教学活动、教师职业感兴趣的学生；"助研"岗位可

以培养学生的研究能力和创新意识，应注重安排专业与岗位相关并且对学术研究有兴趣的学生；对于"助管"岗位，应注重安排具备良好的沟通能力和组织协调能力或对于管理工作感兴趣的学生，以培养学生的管理能力。

表3-33　　　　　　　　　　研究生"三助"岗位职责对照

岗位分类	岗位职责和工作内容	选聘标准
"助教"	1. 制作课件，批改作业、试卷 2. 配合教学准备工作，协助组织课堂讨论 3. 讲课 4. 辅导答疑、指导实验或实习 5. 其他	1. 学习成绩优秀，具备专业的知识文化素养 2. 强烈的责任意识与合作精神 3. 掌握教学技巧，熟悉教学工具 4. 态度端正，服务师生
"助研"	1. 搜集、整理资料 2. 做实验、分析数据 3. 实地调研、出外考察 4. 撰写简报、综述、论文等 5. 其他	1. 在导师领导下熟悉业务流程 2. 具备良好的科研能力与探索精神 3. 学习能力强，快速适应工作环境 4. 数据分析和文字写作能力
"助管"	1. 报账、收发信件、送材料等临时任务 2. 接电话、查资料、整理数据等事务 3. 其他	1. 财务理论基础和高效办公能力 2. 准确把握各种信息、文件的处理 3. 熟练掌握计算机相关操作 4. 对重要工作内容的保密意识

"三助"工作毕竟是一项面向学生的人才培养和资助计划，所以按需设岗也应充分考虑学生的专业所学。在"三助"工作内容的安排上，首先，应考虑到学院特点、专业特色来设置工作内容，充分调动学生积极性；其次，工作内容的选择要尊重研究生导师的意见，特别是在现行的研究生"导师负责制"的培养模式下，导师的意见具有重要意义；最后，"三助"工作内容的确定还应参考研究生的意愿和职业发展，进行岗位的优化设置。

在岗位设置完成之后，需将"三助"岗位需求向全校师生公示，这样有利于营造"公平、公正、公开"的氛围，通过公众监督选拔真正专业过硬，品行端正的研究生上岗工作。目前，在"三助"公开竞聘中，多采用的是面向本院系研究生的方式，这样既做到了"学以致用"，也便于管理，但也不排除面向全校招聘上岗学生的做法，例如，学校教务处设立的助管岗位和大学英语、高等数学等公共课程的助教岗位，具备面向全校师生公开招聘的条件。此外，在校研究生竞聘"三助"岗位必须经论文指导教师同意，其工作内容应尽可能与其论文选题相衔接，至少应该与其研究方向相近或相关，这样既有利于论文的完成，也避免工作占用学生太多时间，影响培养计划实施。同时，竞聘者不能有挂科或补考记录，更不能以从事"三助"工作为由延长学习年限，对于助教和助研岗位还应对竞聘者的相关课程学习成绩做出一定的要求。

为进一步保障人岗匹配，公开竞聘结束之后，管理者应在重点考察学生思想品德和专业水平的基础上，按照择优录用的原则做出取舍，同时，要对应聘者在正常学习外的时间与精力等细节加以考虑。此外，在择优录用工作中岗位指导教师的意见应该得到充分的尊重，他们对岗位需求有清楚的认识，帮助其选择好自己满意的助手更是录用上岗环节必须考虑的重点。在确定上岗人选后，还应向全校师生公示，接受公众监督，这也是对上岗学生的鼓励和督促。

三、对象精准：精准识别，强化资助

要保障"三助"工作的对象精准，除了在招聘环节强化"人岗匹配"的招聘原则外，还应加大"三助"工作对家庭经济困难学生的倾斜力度。研究生培养机制改革的相关文件规定，"取消原有的公费制，对全日制和非全日制研究生一律收取学费，并在全日制研究生当中辅以奖助学金等配套措施"。在这种情况下，部分家庭经济困难研究生需要学校提供"三助"岗位，通过自己的劳动缓解经济紧张，因此同等条件下，家庭经济困难学生应优先录取。同时，由于每名受助学生家庭经济致贫因素不同，学生个体的发展规划和观念也存在差异，因此如何以受助者需求为导向，精准识别贫困生，分层次、分类别区别资助，是精准资助育人的关键和难点。

精准识别家庭经济困难学生，首先，应当明确参与认定的各个主体的权责关系，逐步完善行政问责机制，着力形成国家宏观指导、地方政府微观实施和高校具体实施的科学工作格局；其次，应当建立量化评价指标体系，提升家庭经济困难学生认定的科学化水平；最后，负责资助工作的领导、教师、学生干部要充分与资助对象沟通，掌握其真实心理状况以及量化考核无法评价的情况，增强家庭经济困难学生认定的灵活性。

研究生参与"三助"工作，理应获取报酬，但按照目前国家规定，"三助"薪酬标准一般结合最低工时收入制定，大多难以充分满足学生需要。在这种条件下，除了政府和学校应适当增拨经费外，可以考虑更多地与校外机构合作，增加"三助"岗位和经费来源，即校外机构提供"三助"岗位，高校作为中介纽带，负责审核企业提供的工作岗位，协商工作报酬，再将机构用人需求纳入学校"三助"工作规划，并选聘自愿参加并符合校外机构要求的研究生去校外机构工作，最后校外机构将报酬交付给学校发放。这样，研究生可以更好地巩固专业知识，培养实践能力，增强工作经验和就业竞争力，校外机构也获得了亟须的人才支持；同时，把外部竞争机制引入"三助"管理，还可以打破"三助"薪酬吃"大锅饭"现象，提升资助水平，缓解"三助"资金来源的不足，而"三助"资源也将由存量分配转为开发性发展。此外，考虑到研究生需要保证日常学习时间，可以与校外机构协商将校外"三助"工作集中在节假日，而薪酬仍由学校按月代为发放，以保障研究生的日常经济来源。

四、过程精准：规范管理流程，促进师生交流

对于"三助"研究生入职前后的日常工作管理，目前各高校虽然都制定了相应的管理办法，但大多为原则性规定，存在制度弹性较大，执行不严的问题。许多学校的研究生获得上岗资格后，都是在摸索中适应工作。有的学校会印发一些工作手册之类的材料，笼统地对上岗注意事项作一些基本说明，但这对提高岗位工作质量来说是远远不够的。同时，上岗的过程中由于没有严格的监督考核机制，在工作不顺利的时候容易产生倦怠情绪，最终导致"三助"人员流失。基于此，学校管理部门应尽快完善细化"三助"培训考核机制，使不同类型、不同专业的"三助"岗位各项日常管理活动做到有章可循。

首先，我国高校关于"三助"研究生的岗前培训制度尚不健全，研究生只要通过招聘，就可以直接上岗工作。事实上，"三助"工作除了需要一定的知识储备之外，还需要掌握相应的从业技能。以"助教"为例，如果没有经过系统的教学技能训练，很难胜任授课等工作，所以西方高等教育发达国家把研究生"助教"作为研究生学习训练的一个重要部分。针对目前"三助"工作中研究生助理工作经验不足的问题，培训可以采取集中培训和"以师带徒"相结合的方式进行：在集中培训方面，助教主要需要教学方法和普通话等教师专业技能的培训，使研究生能顺利适应从学生到教师的角色转变；助研主要是对科研方法、实验操作、写作技能等方面的培训；助管主要是公共关系、应用

文写作、文件传达接送、接打电话、办公室礼仪等方面进行培训；"以师带徒"的方式由主管老师、同一岗位原有研究生助理在工作过程中进行，培训过程与工作过程相融合。一般来说，集中培训侧重理论培训，而"以师带徒"侧重实践演练。培训时间应该安排在试用期进行。岗前培训结束后，由"三助"管理部门统一进行资格认定：合格者发放"三助"上岗资格证书，准予结束试用期，正式参与"三助"工作；培训结果认定不合格者，则要再次参加培训和资格认定。资格认证应与薪酬水平挂钩，这样资格认证也就具有了激励功能，对研究生的工作积极性和工作态度将会产生促进作用，可以缩短研究生助理的工作适应期，提高工作质量。

其次，研究生"三助"的考核管理上要系统化、流程化，并给出奖惩机制，才能保障研究生"三助"考核工作顺利的开展。当前，大部分高校对"三助"工作的考核没有明确的流程，通常情况下，学生自行填报申请表并得到其指导老师的同意便能够兑换相应学分，这对保证"三助"培育质量是不利的。参考部分企业及高校的人才考核体系，本书提出研究生"三助"岗位考核流程如图3-2所示。

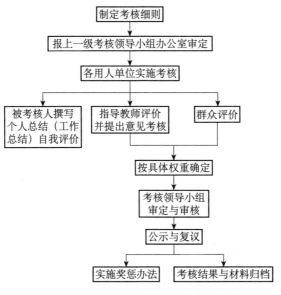

图3-2　研究生"三助"岗位考核流程

图3-2显示，研究生助理在每个学期末对自己所兼任的"三助"工作作

个人总结，由岗位指导老师根据工作情况作出评价，同时结合学生群众的评价，交由院系"三助"考核领导小组根据具体权重进行最终审核，确定优秀、合格、不合格三个考核等级结果。对于考核结果优秀的研究生，除了全额发放"三助"薪酬之外，还应额外给予一定的物质奖励和精神激励，在下一轮的"三助"竞聘中，可以免于竞争优先上岗。对于考核合格的研究生，可以全额发放"三助"薪酬；对于表现一般的研究生助理，在新一轮的研究生助理招聘时，必须重新参加竞聘，根据个人在竞聘表现并参考考核结果，由设岗单位和主管老师作出是否聘用的决定。考核结果不合格的研究生，由设岗单位从"三助"薪酬中扣除一定的金额作为惩罚（这一部分资金可以用作对考核优秀者的奖励），可以随时与其解除聘用关系，并取消其参加下一轮的研究生助理招聘的资格。最终考核结果与材料归档。

最后，"三助"工作过程是由主管老师和研究生合作完成的活动，真诚、信任、融洽的合作关系有利于创造和谐的工作氛围。因此，除上述显性的制度建设外，研究生助理和岗位指导教师还应加强交流，以改善师生关系，改善"三助"工作的"软环境"。对于助研和大部分助教而言，"三助"工作的主管老师即自己的导师，而对于助管和部分助教来说，主管老师特指"三助"岗位的主管老师。所以对于研究生导师而言，要充分利用教学内容和科研项目，发挥"传帮带"作用，把研究生引向学术前沿；同时，要充分调动研究生的科研自觉性，鼓励自主创造，以培养研究生的科研创新能力。对于岗位指导老师来说，应强化人才培养意识，主动担任起管理者、培训者、考核者和监督者的角色，不仅要在工作上指导研究生助理，在生活上、学习上也要对其多关心、多沟通，以提高研究生的培养质量。就研究生而言，也应对自我发展负责，端正参与"三助"工作的目的和态度，主动和主管老师交流，虚心请教，汲取主管老师的工作经验，努力工作，使自身得到更多的锻炼和提高。

五、成效精准：确立育人指标，实现精准育人

从育人的角度看，研究生"三助"的最终目标在于实现研究生素质发展。根据研究生"三助"工作的要求，借鉴国内外学者的相关研究，可以构建研究生"三助"育人成效的评价指标体系，以评价研究生的素质发展成效与工

作成效。评价指标体系共包括德、能、勤、省四个一级指标。

德：即考察研究生在"三助"工作中的道德素养与责任观念。在工作中，"三助"岗位是连接用人单位与学生的桥梁，一方面，"三助"学生要有爱岗敬业、尊敬师长的品质；另一方面，也应处理好与学生群体的关系，树立全心全意为人民服务的奉献精神与责任意识。

能：即考察"三助"研究生的能力素质。"三助"学生主要面向用人单位、教师和学院学生群体，这就要求他们必须要有良好的工作能力以协调好各方关系，维护好整个"三助"岗位及用人单位的形象。[①]

勤：即考察学生的工作积极性及工作态度。爱岗，是一名"三助"人员遵守工作纪律的最低要求；适当的工作量能更有效地处理好工作和个人生活的安排；效率是其业务能力的体现，更是保障研究生"三助"培养质量的关键所在。

省：即考察学生的自我反思以及创新精神。"三助"岗位能在缓解贫困生难题的同时，让研究生们更快适应市场需要，达到一种自我教育、自我修养、自我服务的效果。高校应鼓励学生在实践中的思考和创新，努力将他们培养成为思想素质和业务素养兼备的新一代人才。

除上述一级指标外，各部门和院系还可根据实际工作需要和人才培养要求，在四个一级指标下设立相应的二级指标乃至三级指标，以完善研究生"三助"工作评价机制，增强研究生素质培养与工作评价的针对性。

鉴于研究"三助"工作在高校勤工俭学项目中具有很强的代表性，上述理念和改革办法也可以有机引入其他高校勤工俭学项目中，以全面提高高校勤工俭学项目的精准育人资助成效。

第五节　小结

高校勤工俭学是高校学生资助体系中自助型资助项目的代表，具有助困和育人的双重功能。作为高校勤工俭学的重要类型，研究生"三助"工作不仅

---

① 王向红. 论我国研究生研究资助体系的创新与优化［J］. 学位与研究生教育，2006（9）：18 - 21.

服从高校勤工助学活动的一般规律和规定，而且它资助力度大，覆盖面广，具有人才培育、经济资助和人力资源补充三大功能，是最具代表性的勤工俭学项目。因此，探究如何完善研究生"三助"工作的精准管理体系，对于促进研究生人才培养，构建精准资助育人体系建设，完善高校勤工俭学机制具有重要意义。

基于此，本章以江西省 J 大学为调研案例，对研究生"三助"工作中的现状、问题、成因和对策进行研究。本次调查共发放 380 份问卷，回收有效问卷 330 份，同时，访谈 8 位岗位指导教师和 20 位研究生助理，力求使调研结果更加准确、科学。

调查发现，经过多年发展，J 大学研究生"三助"工作成效显著，起到了优化人事队伍建设，推动高校民主管理，促进研究生培养，满足学生发展需要的作用，学生主观满意度较高，基本起到了人才培养、经济资助和人力资源补充的作用。但与此同时，该校"三助"工作仍存在不少问题，诸如工作琐碎，人力资源浪费，个人价值难以体现；专业不对口，人岗不匹配；薪酬来源单一，薪酬分配一刀切，与经济需求脱节；日常管理不规范，人员流动性大；宣传不到位，导致认知偏差，信息沟通迟滞，师生关系趋紧张，影响工作成效等。

基于上述调研结果，借鉴美国研究生助理制度的管理经验，首先应从舆论环境、组织机构和制度建设三方面入手，加大"三助"工作的宣传教育力度，成立研究生管理部门和人事部门组成的专职管理机构，在此基础上，健全和细化关于"三助"岗位设置、人员选聘、岗前培训和工作考核的诸项管理机制，以搭建"三助"管理的基础平台；其次从资助育人理念出发，可提出关于完善高校研究生"三助"工作精准化管理的几点建议。

第一，需求精准：按需定岗，促进人岗匹配。"三助"岗位的设置必须坚持"按需定岗"的原则，充分考虑实际工作需求，同时结合学生的专业、特长及个人发展意向等因素进行合理安排；在竞聘过程中，应坚持公开、自愿、竞争的原则，使每位学生能够结合自己的实际情况参与竞聘，择优上岗，以促进人岗匹配。

第二，对象精准：精准识别，强化资助。在满足选聘标准的条件下，用人单位应结合贫困生建档情况，使"三助"工作向家庭经济困难研究生倾斜。

同时，高校可引入社会机构，设立校外"三助"岗位，以拓宽"三助"薪酬来源渠道，提高学生待遇，加大研究生"三助"的资助力度。

第三，过程精准：规范管理流程，强化师生交流。面对当前研究生"三助"粗放式的管理现状，高校亟须进行的工作就是健全"三助"规章，规范竞聘、培训、考核及其奖惩机制，使各"三助"岗位的日常管理活动做到有章可循；同时加强对指导教师和研究生助理的教育，鼓励双方积极互动，创造和谐的工作氛围。

第四，成效精准：根据研究生"三助"工作的要求，借鉴国内外学者的相关研究，可以构建包括德、能、勤、省四个一级指标的"三助"育人评价指标体系。各部门和院系再根据实际工作需要和人才培养要求，在四个一级指标下设立相应的二级指标乃至三级指标，以完善研究生"三助"工作评价机制，增强研究生素质培养与工作评价的针对性。

上述理念和改革办法也可根据实际情况，有机引入其他高校勤工俭学项目中，以全面推进高校勤工俭学项目的精准育人资助成效。

发展型资助篇

第四章

高校贫困生就业资助的
运行机制及其优化对策

近年来，随着高校毕业生就业压力的加大，高校贫困生的就业问题受到社会各界的关注。为促进贫困生就业，国内不少高校和政府出台了关于贫困生就业的资助和帮扶政策。然而，从研究现状看，国内学界迄今对高校贫困生就业资助机制的运行状况与问题缺乏系统研究。基于此，本章将在典型案例调查基础上，对高校贫困生就业资助机制及其成效进行探究，并提出高校贫困生就业资助机制的完善建议，以推进发展型资助改革，促进贫困生就业。

本章共分五节：第一节，研究背景与调查方案；第二节，高校贫困生就业资助机制的现状与成效；第三节，高校贫困生就业资助机制的问题；第四节，高校贫困生就业资助机制的优化对策；第五节，小结。

第一节　研究背景与调查方案

一、研究背景

近年来，随着高校毕业生人数的逐年上涨，大学生就业压力与日俱增，而作为弱势群体的高校贫困生，由于受生存环境、家庭经济条件、社会资源、自身条件等各种因素的影响，其就业问题相对于普通大学毕业生更为急切突出，已成为高校就业工作的难点和关键点，深受社会各界关注。因此，对高校贫困生就业进行资助与扶助，是保障教育公平与就业公平，促进社会和谐发展的重要举措，也是关系我国高等教育事业持续、健康发展乃至社会稳定的大事。

从实践来看，为帮扶高校贫困生就业，政府、高校和各类社会机构近年来都制定了一些资助政策和措施。这些资助措施又可以分为经济资助和非经济资助两种方式，前者提供物质支持，后者提供心理、信息、知识、技能等方面的多元化支持。但是，相比较为完善的高校贫困生入学和生活资助体系，高校贫困生的就业资助机制建设与运行总体上仍处于分散而自发的探索之中。目前，高校贫困生就业资助项目大多由地方政府、高校或社会机构自行开展，种类繁杂、缺乏整合，更缺乏科学监督和考核，对于高校贫困生就业资助机制的总体运行现状如何，有何资助成效与问题，又该如何完善，相关各方亟待解答。

从研究现状看，目前相关研究大多集中在高校贫困生资助体系与完善、高校贫困生认定、贫困生就业状况与帮扶措施制定等方面，关于高校贫困生就业资助措施实施成效的研究较少，即便有少数研究涉及这一问题，也缺乏系统的实证调查。因此，对高校贫困生就业资助机制的运行状况进行调研，总结其成效，发现其问题并探求成因，提出完善建议，不但可以拓宽高校贫困生就业研究的视角，丰富了相关研究成果，为今后高校贫困生就业扶助工作和发展型资助工作深入开展提供研究借鉴，同时也有利于提高贫困生就业资助成效，促进精准扶贫战略的实施和社会和谐可持续发展，具有重要的理论价值和现实意义。

二、调查对象与调查方案

对江西省内几所高校进行走访后，本书选择江西省省属重点高校——A大学为主要调查对象。该校现有各级各类学生 3 万人，其中，全日制本科生约2.1 万人，贫困生占全体在校本科生的 30% 左右。该校高度重视学生就业工作，近年来呈现出良好的态势，先后获得过"全国就业典型经验高校 50 强""全国就业先进工作单位""普通高校毕业生就业工作先进集体""普通高校毕业生就业工作评估优秀等级"等国家级和省级荣誉。为帮扶贫困生就业，该校从 21 世纪初起开始建立贫困生就业扶助机制。经过多年探索，目前，该校贫困生就业扶助措施相对齐全，覆盖面较广，其成效与问题在国内具有一定的普遍性和代表性，适合充当调研对象。

本调查采用问卷和访谈两种方式进行。"A 大学贫困生就业扶助现状调研问卷"的发放对象为 2017 届和 2018 届本科贫困毕业生（进入 A 大学贫困生档案库的学生）。调研问卷采用线上发放，共回收问卷 497 份，经过统计分析，有效问卷为 465 份，有效率为 93.56%。在有效问卷中，2017 届贫困毕业生 203 人，2018 届贫困毕业生 262 人（其性别和学科分布见表 4-1 和表 4-2）。

表 4-1　　　　　　　　　　调研对象性别分布

单位：人

性别分布	男生人数	女生人数	总计
2017 届	81	122	203
2018 届	95	167	262
合计	176	289	465

表 4-2　　　　　　　　　　调研对象的学科分布

单位：人

专业分布	经管类	理工类	文史类	其他类	总计
2017 届	89	53	37	24	203
2018 届	101	65	60	36	262
合计	190	118	97	60	465

从表 4-1 和表 4-2 中数据来看，在参与问卷调查的贫困生中，2017 届与 2018 届的学生人数比例为 1:1.29，男女比例为 1:1.64；而据学校提供的贫困生档案信息数据，2017 届与 2018 届贫困生的人数之比为 1:1.25，贫困生总体男女比例为 1:1.49；此外，学校主要学科都有一定比例的学生参与问卷调研。因此总体来看，调研对象具有一定的代表性，基本可以反映学校贫困生的概貌。

在访谈方面，对该校学生资助中心管理者、招生就业处管理者和部分贫困生进行了深度访谈。其中，对学生资助管理中心的访谈主要了解该校贫困生的基本信息，包括人数、家庭背景、在校生活和学习情况等；对招生就业处的访谈旨在了解 2017 届和 2018 届贫困毕业生的就业情况与学校就业扶助工作实施情况；贫困生访谈主要了解其就业情况和切身感受。在此基础上，再走访南昌市其他几所省属大学，获取更多有关贫困生就业扶助的开展和实施情况，探究高校贫困生就业扶助中存在的普遍问题和原因。

三、A大学贫困生就业的基本情况

毕业生的就业率是衡量一所高校办学水平的重要指标。通过对省内几所高校的学生资助中心进行走访后得知，各高校的贫困生数量占全体在校本科生的25%～35%，A大学的贫困生数量占全体在校本科生的25%左右，由此可以看出，贫困毕业生的就业情况对整体毕业生就业率有重要影响。

根据A大学招生就业处和学生资助中心提供的2017届和2018届本科毕业生的就业数据，2017届本科毕业生约5000人，其中贫困毕业生1276人，约占毕业生总人数的25.5%；2018届本科毕业生约5500人，贫困毕业生1593人，约占毕业生总人数的29.0%。总体来看，贫困生占学生总数的27%。

表4-3和表4-4统计了2017届和2018届贫困毕业生和所有本科毕业生国外升学、国内升学、自主创业、待就业和已就业人数比例。从表4-3和表4-4可以看出，A大学贫困生的就业呈现以下特点。

表4-3　　　　　　　　　　贫困毕业生主要去向

单位:%

毕业去向	国外升学率	国内升学率	创业率	就业率	待业率
2017届	0.72	3.92	0.16	18.8	1.8
2018届	1.07	5.09	0.09	19.8	2.3

表4-4　　　　　　　　　　本科毕业生主要去向

单位:%

毕业去向	国外升学率	国内升学率	创业率	就业率	待业率
2017届	9.9	13.4	0.9	67.9	7.9
2018届	10.9	14.5	0.5	64.3	9.8

第一，贫困毕业生选择留学和创业比例远低于平均水平，但国内升学率略高于平均水平。在2017届和2018届本科生中，分别有9.9%和10.9%的毕业生去国外深造；而贫困生留学人数占本科毕业生人数的0.72%和1.07%，只占出国留学毕业生的7.84%和10.17%，远低于27%的平均人数占比；有0.9%和0.49%的本科毕业生选择自主创业，而贫困生的相应比例是0.16%和0.09%，占创业毕业生的17.78%和18.37%，也低于其27%的平均人数占比；选择国内读研的本科毕业生比率为13.44%和14.52%，而贫困生的相应比率

为 3.92% 和 5.09%，占国内升学毕业生的比率为 29.16% 和 35.06%，略高于贫困毕业生的平均人数占比。

第二，贫困毕业生直接就业比例高于平均水平。直接就业是贫困毕业生的主要选择。在 2017 届和 2018 届本科毕业生中，直接就业的毕业生比率为 67.9% 和 64.3%。贫困毕业生直接就业的比率达到了 18.8% 和 19.8%，占直接就业毕业生的比率为 28% 和 30.8%，都高于贫困毕业生的总人数占比。

第三，贫困毕业生待业率低于平均水平，但情况不容忽视。2017 届和 2018 届本科毕业生中，待就业人数占毕业生总数的 7.90% 和 9.8%，而待就业贫困毕业生占毕业生人数的 1.80% 和 2.4%，约占当年待业学生总数的 23% 和 24%，均低于贫困生的总人数占比。贫困生待业率虽相对较低，但他们家庭经济紧张，多年的学习却未能及时实现就业，很容易加剧贫困的代际传递，导致读书无用论蔓延，需要引起高校和社会各界的关注，也应是高校贫困生就业扶助的重点对象。

关于贫困生就业去向的选择原因，A 大学招生就业处老师指出，贫困生将直接就业作为第一选择，主要还是受家庭经济条件的限制。在缺乏家庭资助的条件下，贫困生不会轻易选择国外留学或创业，而作出留学和创业选择的贫困生，基本都获得了助学金、奖学金或是企业资助。相比之下，就业可以增加家庭收入，养活自己，读研大多是国家公费，所以贫困生更倾向于此类选择。经济资助是目前贫困生就业扶持项目中最为直接的帮扶手段。

与非贫困生相比，A 大学贫困生的就业还有以下几个特点。

一是签约时间滞后。根据学校每年的统计数据显示，贫困生与就业单位签署就业协议、劳动合同等的时间，普遍比非贫困生要晚 3 个月，有的是因为自身准备不足，或就业竞争力不强，没能及时找到满意的工作；有的是因为准备研究生、公务员等考试，基本放弃了秋季招聘会。但前者应该是主要原因。

二是就业竞争力偏弱。主要表现在贫困生在大学四年，参选和担任学生干部人数偏少，而这是某些用人单位在招聘时考虑的重要条件。同时，有一技之长是求职的加分项，而贫困生普遍缺乏文艺特长，参加学校社团文化活动、就业创业相关比赛不够积极，没能充分锻炼自己；此外，对于求职面试的技巧掌握不到位，团队沟通协作的能力欠缺，遇到突发情况，应变能力不足。例如，贫困生 B 同学，来自农村低保家庭，母亲残疾，父亲务农，家庭收入不高，还有负债，家中还有弟弟上高中，性格偏内向，大学四年在班上默默无闻，各项活动基本不参加，求职就业经历了两次失败，一次在个人即兴演讲环节被淘汰，一次在无领导小组讨论环节被淘汰，明显感觉到在表达、沟通等方面能力不足。

三是就业心理问题多。面对就业，心理准备不足，就业压力较大，容易表现出不自信，对就业过分焦虑和担忧，甚至是害怕就业。在就业过程中遇到一两次求职失败的经历，容易产生自卑自怨的消极情绪，自我心理调适能力欠缺。例如，贫困生 C 同学，来自单亲家庭，几年前父亲患病去世，欠下了负债，家中有年迈、体弱多病的爷爷奶奶需要抚养，母亲一人在外打工，收入微薄，面对就业，非常焦虑，缺乏与家人和朋友的沟通，经历了几次简历投递失败，一度情绪消极，对就业失去了信心。

第二节　高校贫困生就业资助机制的现状与成效

目前，在 A 大学的贫困生就业资助中，主要有来自政府的贫困生一次性补贴和学校提供的"双困生"补贴，以及社会公益提供的就业补贴三类。这三类就业资助降低了贫困生的求职成本，提高了就业竞争力，缓解了贫困生就业心理压力，总体上起到了积极作用。

一、A 大学贫困生就业资助的来源与措施

第一，政府求职补贴。习总书记在党的十九大报告中指出，"就业是最大的民生"。高校大学生就业事关社会和谐稳定与社情民心。在精准扶贫的背景下，高校贫困生就业更是就业工作的重点，为此，政府出台了不少关于促进高校贫困毕业生就业的扶助政策，要求各高校要建立贫困毕业生就业信息数据库，全面掌握个人及家庭基本情况，有针对性地为其提供就业指导、求职补贴、岗位推荐、技能培训、专场招聘会等帮助，要建立"一对一"的帮扶机制，实行"一生一策"的动态管理，力求做到精准发力，精准扶助，一个都

不能少。①

在这一背景下，江西省人力资源社会保障厅、江西省教育厅等六部门共同发布政策，为省内高校贫困毕业生提供一次性求职补贴，2017 届和 2018 届毕业生的补贴标准为每位符合条件的学生 1000 元。② 2017 届毕业生的发放对象为有就业愿望并积极求职的残疾人毕业生、城乡居民最低生活保障家庭中的毕业生和已获得国家助学贷款的毕业生，2018 届毕业生的发放对象又增加了贫困残疾人家庭中的毕业生、建档立卡贫困家庭中的毕业生和特困人员毕业生。据 A 大学招生就业处提供的数据显示，2017 届本科贫困毕业生中有 515 人，2018 届贫困毕业生中有 500 人获得了此项求职补贴，占贫困生总数的 35%。

第二，学校提供的"双困生"专项就业扶助金和"一对一"就业帮扶措施。A 大学高度重视贫困毕业生的就业工作，并为"双困生"，即家庭经济困难且就业困难的毕业生提供专项就业扶助金，每年预算 30 万元。据学校招生就业处数据显示，2017 届毕业生中"双困生"172 人，2018 届毕业生中"双困生"272 人，约占贫困生的 15.4%。

根据学校相关管理办法，符合以下六种情况之一且存在就业困难的毕业生，就应列为就业扶助的重点对象：第一种，享受城市居民最低生活保障家庭的学生；第二种，零就业家庭的学生；第三种，父母均为下岗失业人员的学生；第四种，孤儿或未就业单亲贫困家庭的学生；第五种，来自烈士或优抚的特困家庭的学生；第六种，父母因患有重病、身体残疾丧失基本劳动能力的农村家庭的学生。学校每年在"双困"毕业生建档完成后，就为其开设一次求职辅导讲座，同时以现金形式给予每人 400 元求职启动经费，用于资助其参加就业培训和考证的报名费、简历制作费、参加招聘会的服装费、入职体检费等；对于需要参加异地招聘活动的"双困"毕业生，A 大学也适当补助两地之间的求职往返交通费，资助金额为每人不超过 600 元，两项合计最高不超过 1000 元。

① 教育部关于做好 2018 届全国普通高等学校毕业生就业创业工作的通知. 中华人民共和国教育部网站［EB/OL］. http：//www. moe. gov. cn/srcsite/A15/s3265/201712/t20171207_320842. html，2017 - 12 - 04.

② 江西给困难高校毕业生发求职补贴每人 1000 元.［EB/OL］. https：//baijiahao. baidu. com/s?id = 1587756067639109670&wfr = spider&for = pc，2017 - 12 - 25.

除学校提供的"双困生"就业扶助金外，学校各教学院系还制定了"一对一"就业帮扶措施。学院通过前期的摸底排查，建立就业困难贫困毕业生的档案库，确定需要重点扶助的对象，委派专人进行"一对一"就业扶助。就业扶助的形式包括定期组织座谈会，交流学习、生活、求职情况，为其答疑解惑，摆正就业心态；开设就业培训讲座，内容涉及简历制作、求职礼仪、笔试策略、面试技巧等，提高其就业竞争力；提供相关就业政策的咨询，利用微信、QQ 等网络平台，畅通各类招聘就业信息的传递，提高贫困毕业生应聘的准确性；在有条件时优先向企业、单位重点推荐贫困毕业生，降低就业难度；及时通知有需要并符合条件的贫困生申领或申报省里的一次性求职补贴、学校的求职补贴和 H 慈善基金会的大学生就业资助等，降低他们的求职成本。

第三，H 慈善基金会提供的贫困生就业资助。H 慈善基金会是一家经政府注册的非公募慈善基金会。大学生就业扶助项目是 H 慈善基金会的首推项目，其目的在于帮助家庭经济困难且就业存在困难的应届毕业生，通过资助与合作的方式，改善其求职环境，提高其就业能力，促进就业机会平等。在 A 大学，H 慈善基金会每年资助 100 名学生，约占贫困生的 6.6% 。

H 慈善基金会采用邀请和申报相结合的方式，在全国范围内遴选大学生就业扶助项目的合作院校，扶助对象是合作高校的应届本科贫困生。该项目为申请者提供现金资助、能力提升和就业服务相结合的就业扶助形式。其中，每名受助学生可获得 3000 元现金资助，大四上学期每人拨付 2000 元，下学期拨付1000 元；该项目还提供为期两天的毕业生就业能力提升培训，由 H 慈善基金会派出老师授课，主要内容有简历制作及相关技巧、面试解析、求职礼仪、自我认知与心理、职业规划等，课程内容实用，深受受助学生欢迎。此外，H 慈善基金会还依据自愿原则，为部分受助学生提供个性化的就业服务，对其就业薄弱环节给予有针对性的就业指导，提升其就业能力。

二、A 大学贫困生就业资助的成效

第一，降低了贫困生求职成本。表 4 – 5 显示，在受调查者中，求职成本在 3000 元以下的人数占受调查者总数的 88.82% ，其中求职成本在 1001 ～ 2000 元的有 217 人，占受调查者总数的 46.67% 。他们的求职成本一般包含服装费，简历、证书、奖状、自荐信的制作打印费，外出求职的交通住宿费，入职体检费等。这笔费用对贫困生来说是一笔不小的开支。多数贫困生不愿意向家庭伸手，只能尽量减少求职支出，甚至是放弃一些好的求职机会。按照政府、学校和社会机构的就业资助力度，理论上最低可申领 400 元，最高合计可申领 5000 元。总的来看，就业资助金很大程度上可以覆盖贫困生的就业支出。所以在统计问卷后发现，所有获得过各类就业资助的学生，在回答关于就业资助对其自身的作用时，都选择了"降低就业成本"。这也说明，就业资助最直接的作用是降低了贫困生的求职成本和经济顾虑，也使其能增加就业投入，以提升就业竞争力，增强就业信心，对其求职成功具有重要作用。

表 4 - 5　　　　　　　　　　　贫困毕业生的求职成本

单位：人

毕业时间	1000 元以下	1001~2000 元	2001~3000 元	3001~4000 元	4001 元以上
2017 届	53	94	35	18	3
2018 届	71	123	37	26	5
合计	124	217	72	44	8

第二，提高贫困生的就业竞争力。A 大学通过开设就业指导课程、就业培训讲座，讲授求职面试技巧、简历制作技巧、求职礼仪、提供相关就业政策的咨询等，提高了贫困生的就业能力；通过各学院实施的"一对一"就业帮扶，进一步细化了对贫困生的就业指导，让他们及时建立了应有的就业意识，树立了应有的就业态度；引入 H 慈善基金会大学生就业扶助项目，更让一部分贫困生得到了就业能力提升的专项培训，这些举措都切实提高了贫困生在就业市场上的就业竞争力，提高就业信息的对称度，使其求职更有目的和方向性。所以在统计问卷后发现，在回答关于就业资助对其自身的作用时，只要是被认定为"双困生"，或申请到了"H 慈善基金会大学生就业扶助项目"，或获得过学校"一对一"就业帮扶的贫困生，都选择了"提升自身综合能力"，受助学生也反映，学校是他们获取就业信息和提升就业能力的主要渠道，使其求职就业的道路上获益良多。从这个意义上，贫困生就业资助提高了学生的综合素质，起到了发展型资助应有的作用。

第三，缓解贫困生就业心理压力。与非贫困生相比，贫困生所表现出的就业心理压力问题更多、更复杂。马建新的调研中，415 名贫困生中有 70.85%

的贫困生表现出就业焦虑。[①] 而 A 大学贫困生通过一系列就业扶助措施，对就业环境、就业政策、求职常识等有了一定的了解，也增加了就业投入，充分缓解了他们的就业心理压力。据问卷调研的统计数据，有 28.60% 的贫困生认为高校的就业扶助缓解了他们的就业心理压力。

第三节　高校贫困生就业资助机制的问题

A 大学的就业资助机制固然取得了相当的成效，但同时也存在一些问题。通过省内走访发现，这些问题在其他高校也不同程度的存在。这些问题主要表现在以下方面。

第一，贫困生就业资助资金发放滞后，资助面有待拓宽，不完全合乎"发放精准"和"力度精准"的精准资助要求。就业经济资助对降低贫困生就业成本具有重要作用，但在调查中发现，不论是政府、高校，还是 H 慈善基金会的就业经济资助，其发放都存在滞后性，难解贫困生的燃眉之急。

表4-6显示，江西省政府的求职补贴和 H 慈善基金会的就业资助，通常在大四下学期的五六月发放，有时也会在上学期发放。各高校自行设立的专项就业扶助资金，发放时间也存在差异，但也是在毕业当年发放（A 大学一般在大四上学期发放，但也要到当年的 11 月份才能发放到位）。然而，毕业生求职的最佳时间是每年 9 月初至 11 月底的秋季招聘会，再就是次年 3 月初至 4 月底的春季招聘会。为做好求职准备，毕业生们通常在大四开学前就会准备好个人简历、面试服装等。而各项就业资助基本都到大四上学期末才开始发放，会让贫困生们因为缺乏资金处于被动地位，使就业资助效果大打折扣。这也是广大贫困生反馈意见最多的问题。所以在调研问卷中"您对完善高校贫困生就业扶助有什么建议"的回答中，有246人写了"提前发放就业资助"，占调研人数的52.90%。

表4-6　　　　　　各项就业经济资助的发放时间

各应届毕业生	一次性求职补贴	H 慈善基金会就业资助
2015 届	2015 年 6 月	2014 年 11 月

---

① 马建新. 高校贫困生就业焦虑的现状及对策 [J]. 教育与职业. 2014 (29)：90-92.

续表

各应届毕业生	一次性求职补贴	H 慈善基金会就业资助
2016 届	2016 年 5 月	2015 年 11 月
2017 届	2016 年 12 月	2016 年 11 月
2018 届	2018 年 6 月	2017 年 12 月

此外，就业资助的资助面有待拓宽。高校通常会把贫困生分为贫困和特别贫困两个等级，或是一般贫困、贫困和特别贫困三个等级，有的高校还给出了一个指导比例，一般贫困生占在校学生总人数的 15%、贫困生占在校学生总人数的 10%、特别贫困生占在校学生总人数的 5%。政府提供的一次性求职补贴发放对象的限定范围基本都属于"特别贫困生"，这就意味着其余贫困生大多是不符合申请条件的。表 4-7 显示，受调查者中，76 名"特别贫困生"均获得了政府求职补贴，而"贫困生"和"一般贫困生"获助率很低。A 大学2017 届与 2018 届共有贫困毕业生 2869 人，获得"一次性求职补贴"的共有1015 人，占贫困毕业生的比例为 35%，这表明有近 2/3 的贫困生未得到补贴；相比之下，学校和 H 慈善基金会的就业资助面更小，前者资助面为 15.4%，后者资助面仅为 6.6%。即便不发生任何重复资助，三项就业资助相加，资助面也仅占贫困生的一半，这意味着有将近一半的贫困生得不到任何就业资助。

表 4-7　　　　　　　　不同贫困等级获得一次性求职补贴人数

指标	特别贫困生	贫困生	一般贫困生
人数（人）	76	146	243
获得求职补贴人数（人）	76	53	32
所占比例（%）	100	36.30	13.17

第二，工作衔接滞后，贫困生就业资助缺乏部门协调。高校贫困生的就业扶助工作应是一个全员参与的工作，需要学校、学院等相关各方通力配合，相互协调，从而根据每位贫困生的不同情况，有针对性地实施帮扶和资助。

通过对 A 大学和其他几所高校的走访发现，各高校的工作分工具有相似性，即学生工作处全面负责学生资助工作，招生就业处全面负责学生的就业工作。每年 9 月新学期伊始，学生工作处的学生资助管理中心全面着手大一新生的贫困生建档工作，开展包括国家助学贷款、奖学金、助学金、困难补助等的申报和发放事宜，而招生就业处则在贫困生进入大四才开始搜集双困生信息，着手就业资助和帮扶，不但引起了就业资助发放的滞后，而且也缺乏充足时间培育贫困生的就业竞争力，此外，还容易引起重复资助，使资助分配旱涝不均。这表明，高校贫困生前期资助和后期就业扶助未能有效衔接，形成连续动态资助，进而影响了就业资助成效。此外，学院就业帮扶工作也存在类似情况，首先是所有的帮扶措施都在大四才开始展开，其次是各学院之间很少联系互动，贫困生信息和就业资源没有实现共享，可能导致贫困生资助信息存在误差，降低了就业资助效率。

第三，贫困生就业扶助缺乏社会参与。政府和高校在贫困生就业扶助工作中起着主导作用，但各类社会组织、企事业单位也应加入贫困生就业扶助的队伍中，才能进一步做好此项工作。例如，H慈善基金会每年资助几十所高校的几千名贫困生就业，社会效益相当显著；又如，与高校提供的职业规划、就业指导课程相比，一些企事业单位的人力资源管理人员长年从事人事管理，更清楚社会需求和招聘要求，由他们提供的就业指导更加务实"接地气"，对贫困生求职的作用更为直接。因此，高校应主动出击，积极引导社会力量为高校贫困生就业扶助服务。但就现状而言，类似于H慈善基金会的社会组织还很少（即便是H慈善基金会，近两年也只与省内包括A大学在内的两所高校有合作关系），有的企业在招聘时虽然有贫困生招聘计划，但都有一些诸如生源地方面的限制条件，专门扶助贫困生就业的社会资助更是寥寥无几。在调研问卷中询问"您在校时是否获得过除政府的一次性就业补贴，学校就业补贴，H慈善基金会的就业补贴外的其他就业资助"，所有调查者均表示"没有"。这些都充分说明了贫困生的就业资助缺乏社会参与，需要政府和高校的进一步宣传引导。

第四，部分贫困生认识不到位，面对就业资助态度消极。贫困生就业资助的目的就是为了促进贫困生就业，而贫困生作为受助者，理应积极参与，充分发挥受助者主体功能。但在调研中发现，部分贫困学生面对就业资助态度不端正，或存在消极情绪。

首先，面对就业专项资助，有些贫困生认为它和一般的贫困资助没有差别，"不拿白不拿"，于是不管是否合乎条件，先申请了再说；如果因为不具备条件而未获资助，还会存在不满情绪，认为资助不公；还有些得到资助的学生，对于资助金的使用缺乏合理规划，导致就业资助款未能发挥应有的效用。

其次，对于非经济性的就业帮扶措施，有些贫困生则表现出无所谓的态度，于是对学校安排的就业指导课程和讲座选择逃课或敷衍了事；对于 H 慈善基金会的就业培训，则认为这只是经济资助的附加条件，能不参加就不参加；还有的学生，从不参与就业培训，整日盲目穿梭于各大招聘会之间，却收获甚少。在调查中发现，有 38 人得到 H 慈善基金会资助，而认为 H 慈善基金会的就业讲座、培训等对自己就业"无帮助"的有 8 人；得到学院"一对一"就业帮扶的有 29 人，认为学院帮扶对自己就业"无帮助"的 5 人。这固然与就业扶助工作存在不足有关，但从中也可折射出部分受助者对就业帮扶工作的消极否定态度。

第四节 高校贫困生就业资助机制的优化对策

高校大学生就业已是全社会关注的问题，而作为弱势群体的高校贫困生，其就业更需要各方的关心与资助帮扶。虽然近年来高校贫困生的就业资助工作取得了一定成效，但还是存在着不少问题，需要政府、高校、社会各界和贫困生自身采取相应措施，优化就业资助机制，提高就业资助成效。

第一，应完善相关政策，建立评价、监督和激励机制，加大资助与宣传力度。面对严峻的就业形势，高校贫困生就业是政府就业工作的重中之重。为此，国家也出台了一系列政策要求加强对贫困生的就业帮扶，但具体到由谁负责实施和反馈，如何评价、监督和激励等却没有明确说明，这表明相关政策机制应进一步完善细化。

首先，政府可建立高校贫困生就业扶助评价、监督和激励机制。今后可将高校贫困生就业情况纳入高校工作评价体系，高校发布的毕业生就业质量报告也应将其单列为评价指标，以此加强相关政策的宣传和落实。同时，可成立或指定专门部门，采用定期检查和不定期抽查的工作方式，对相关工作的开展情况进行监督检查，及时发现问题、反馈问题，保证贫困生就业扶助工作实施的时效性和合理性。对相关工作中表现积极、成果突出的学校、部门和个人，应给予一定的经济和精神奖励；对于表现懈怠的部门或高校，也应给予相应的惩罚。

其次，针对贫困生反映突出的政府就业资助发放滞后，覆盖面不足的问题，政府应整合各方力量，增加财政投入，力求对有需求的贫困生实现全覆盖，保证就业资助及时足额发放。同时，根据地方经济发展和物价水平，实现就业资助的同步增长。此外，还应简化不必要的申请、审批流程，避免材料的重复提交（根据对调研问卷的统计，有 103 位同学，占参与调研人数的22.15%，对于资助改革，要求"简化申请、审批流程""不要让我们重复交材料"）。对于离校未就业的贫困毕业生，政府更要做好与高校的信息对接，关注其后续就业情况，提供就业指导和技能培训，发放一定的生活补助，保障其基本生活。

最后，政府还应做好贫困生就业扶助相关政策的宣传工作，通过各种渠道，让社会各界关注贫困生的就业扶助，再通过提供一些优惠政策，例如税收减免、提供部分补贴等，促进高校和社会机构合作，积极引导企事业单位在力所能及的范围内优先为贫困生提供实习机会或就业机会。对于国家大力倡导的各种基层就业项目，例如，大学生自愿服务西部计划、支农、支教、支医、扶贫、大学生村官计划等，可以在贫困生中多加宣传，并充分落实相助学贷款和学费代偿、资金补贴、职称评审及提供住房等各项优惠政策，引导和鼓励广大优秀贫困生积极报名参加，既促进了社会发展，也实现了自身就业。

第二，高校实行全程全员系统化管理。要保障高校贫困生就业扶助工作有序的开展，高校应发挥其主体作用。

首先，应落实贫困生就业扶助工作的专人负责制，从班级到院系，院系再到学校，形成一个系统的联动保障机制。例如，在新生入学之初，就以班级为单位，由辅导员和班干部组成贫困生就业扶助工作小组，初步了解本班贫困生的家庭和个人基本情况，以及对就业的担忧、预期等个人想法，建立本班的信息统计表，为后续就业资助工作提供依据；然后院系指定专人负责建立院系贫困生的个人档案汇总表；再由学校安排专人负责汇总，建立校级贫困生档案，实现对贫困生就业的动态管理和持续关注。掌握了贫困生家庭及其个人的基本情况后，就可以开展具体的就业资助工作。学校、学院都应设立专门的贫困生就业扶助小组，成员可以由校内专职的就业指导老师和校外聘请的专职就业指导老师组成，学校的贫困生就业扶助小组对贫困生的就业情况进行整体把控，给予必要的人力和财力帮助，加强工作沟通，同时还要起到监督的作用。学院的贫困生就业扶助小组成员就要根据自己的扶助对象的个人情况开展有针对性的就业帮扶。

其次，高校应丰富细化贫困生就业资助的内容。贫困生就业资助包括经济资助和就业帮扶两部分。前者侧重减轻贫困生在求职就业过程中的经济压力，后者侧重贫困生就业能力的提升。高校应尽可能丰富贫困生就业扶助的内容，尽量满足贫困生就业时不同的需求。为更好地扶助贫困生就业，可以开展全程式就业扶助，将就业扶助工作前移并贯穿在大学四年教育的始终，针对贫困生所处的不同阶段，提供不同的就业扶助内容。具体来说，对于大一的贫困生，刚进入大学学习，应侧重引导他们学习就业理论，初步了解就业形势，扶助他们根据自身特点作出一个初步的职业生涯选择，合理规划四年的大学生活，明确"我想干什么"的问题；对于大二的贫困生，侧重各项技能的培养，扶助他们考取各项必要的技能证书，解决"我该怎么做"的问题；对于大三的贫困生，侧重实习和锻炼，扶助他们通过社会实践和参加一些就业创业大赛，锻炼和提高个人能力，解决"我能干什么"的问题，并在大三下学期就开设就业指导课，启动贫困生申请就业求职补贴的工作，为求职做好准备；对于大四的贫困生，则应侧重分类具体指导，根据他们的不同需求，在就业形势的分析、就业政策的咨询、就业信息的畅通、就业心理的调适等方面给予具体的扶助，使其不断提高个人就业能力，实现全面的发展，并扶助他们做好角色转变，适应社会，实现就业，从而解决"干什么"的问题。对于选择考研究生、考公务员的贫困生，可以邀请成功者为其提供经验分享，或邀请专家开设讲座答疑解惑，指导他们有针对性的备考。对于落选的贫困生，应及时引导和开解，扶助他们参加春季招聘会。对于选择创业的贫困生，更要给予重点帮扶和资助，为其介绍政府的创业优惠条件，辅助其申领政府的创业补贴，根据实际情况，学校也要给予一定的人力、物力和财力支持，利用学校资源助其创业成功。

最后，实施针对性的贫困生就业心理辅导。与非贫困生相比，贫困生心理问题更为突出，容易影响贫困生的顺利就业。在问卷中有133人（占参与调研人数的28.60%），认为就业扶助能帮助他们"缓解就业心理压力"，因此，在扶助贫困生就业时，应有针对性地实施贫困生就业心理辅导。学校、学院应重视对贫困生的日常就业心理辅导，通过建立专门的心理咨询中心，开设心理健康教育课程，举办就业心理辅导讲座，帮助贫困生正确看待就业问题，树立正确的就业观、择业观，努力提高自我心理调适能力，引导贫困生在面对就业困难时积极求助，提高挫折应对能力；同时，要充分发挥班主任、辅导员和班干部的作用，主动关心贫困生就业思想动向，及时发现问题，提供"一对一"的就业心理辅导，让贫困生感受到关爱，辅助他们认清问题、寻找方法积极解决问题。

第三，积极引入社会力量。高校贫困生的就业扶助工作需要得到社会各界的支持和帮助，才能更好地促进贫困生就业，具体可以从以下几方面着手。

首先，要提高采用激励手段，提高社会各界对高校贫困生就业扶助的关注度。一方面，政府应重视培育教育捐赠和公益意识，并研究制定适应我国国情的教育捐赠激励与财政配比制度，同时借鉴国外先进经验，规范教育捐资行为和资金分配、使用与监督等，以提高对社会人士参与高校就业资助的激励力度，改进高校对就业资助资金的管理使用水平，从根本上解决贫困生就业资助社会投入不足的制度障碍；另一方面，在信息时代应充分借助社会媒体的作用，引导更多的社会人士积极参与到扶助贫困生就业的队伍中来。例如，可通过人物专访、专题报道、公益广告等多种形式，报道高校贫困生就业面临的困境，以及贫困生在社会各界扶助下成长成才的典型事迹，形成良好的社会舆论范围；此外，还要积极宣传热心扶助高校贫困生就业的先进个人、企事业单位、公益组织等，传递社会正能量。

其次，加强高校与企事业单位的合作，不断创新合作模式，为贫困生就业提供机会。例如，高校可以与一些有强烈社会责任感、管理规范的企事业单位合作，专门为贫困生提供一些勤工助学、实习就业的机会，让贫困生既能减轻经济压力，又能提前对就业有所了解，提升贫困生的综合素质与就业竞争力；高校可以定期邀请一些实践经验丰富的人力资源管理者，为贫困生提供实用的就业指导；还可以与一些企事业单位建立"产学研合作""订单式培养"等合作形式，将学校的人才培养计划与市场的需求结合起来，实现企业、高校和贫困生的共赢。在调研问卷中，有278人（占参与调研人数的59.78%），表示"希望获得更多企事业单位提供的实习、勤工助学机会"。

最后，善于借助高校校友会的力量。高校校友会是高校贫困生就业资助工作中的一股重要力量。高校应向校友广泛宣传引导校友关注贫困生就业扶助问题，设立贫困生专项就业扶助基金等，减轻贫困生就业的经济压力；定期邀请一些已取得一定成就的校友回校与贫困生们进行交流，让他们既能受到优秀校友事迹的激励，又能明白任何成功都来之不易；借助校友力量，多途径的广泛邀请用人单位来母校招聘，或是与母校建立合作关系，为贫困生提供实习就业机会，拓宽贫困生就业的渠道，拓展贫困生的就业空间。据了解，A大学每年借用校友的力量和校友专场招聘会，帮扶了不少贫困生顺利就业。

第四，贫困生自身端正就业态度。贫困生对就业帮扶工作的态度不端正和消极态度，很大程度上源于其认识不到位。有的贫困生认为，只要学习成绩好，就不愁就业；有的贫困生夸大了经济条件和社会资本的作用，认为自身就业资源不足，就业帮扶注定无济于事；还有的贫困生心理脆弱，认为就业关键在于自身能力和长期努力，就业帮扶是"临时抱佛脚"；甚至还有的贫困生，就业存在"等靠要"思想；等等。这些都导致了其态度和行为扭曲。因此，贫困生应端正自身态度，积极培养就业竞争力。

首先，树立正向的价值观、就业观。就业资助是贫困生就业的催化剂，其作用是建立在贫困生就业自助的基础之上的，所以自身努力才是实现成功就业的决定性因素。因此，贫困生应明确自己的奋斗目标，摆脱"等靠要"思想，及时作好职业生涯规划，不好高骛远，不妄自菲薄，主动出击，积极寻找实习就业机会，敢于面对各种就业难题，加强社会沟通交流，调整自己的就业心态，才是成功就业的保证。

其次，应积极参与有助于提高就业竞争力的相关活动。就业市场的竞争是激烈的，学生的综合能力是就业考察的重点，而与非贫困生相比，贫困生的综合能力往往不占优势。因此，贫困生要想在求职就业过程中抢占先机，就必须尽早着手自身综合能力的培养与提高：自身的专业能力要过硬，掌握好自己的专业知识，是就业时的基本要求；贫困生还要积极参与"模拟面试大赛""模拟招聘大赛""直通名企实习生选拔赛"等活动，从而在语言表达、沟通合作、自我展现、分析问题、解决问题等方面得到提升；参与"求职面试礼仪""无领导小组讨论""简历诊所"等活动和就业指导讲座，增强贫困生的应对能力，为应聘做好准备，建立成功就业的自信心；同时，还要多参加一些社团活动，提升人际交往、团队合作、语言表达、组织管理等能力，进而实现综合能力的不断提升。

第五节　小结

高校贫困生就业是国家、高校和社会高度关注的问题。目前，我国已经建立了较为完善的高校贫困生入学和生活资助体系，但关于贫困生就业资助的政策措施还未系统化，对于高校贫困生就业资助的现状、成效与问题，学界和高校也有待明确。基于此，本章以 A 大学为主要调研对象，问卷调研了 2017 届和 2018 届 497 名本科贫困毕业生，辅之以对部分高校学生工作处和招生就业处管理者的访谈，以了解当前高校贫困生就业及其就业资助实施情况。

在调研中发现：由于家庭经济条件的限制，A 大学的贫困毕业生大多选择直接就业，少部分贫困生选择国内升学，选择出国留学和自主创业的人数较少。与非贫困生相较，A 大学的贫困生就业呈现签约时间滞后，就业竞争力偏弱，就业心理问题多等特点。在就业资助来源方面，学校主要有三类就业资助措施：其一是政府给予贫困生的一次性就业财政补贴，每人 1000 元，覆盖面约为 35%；其二是学校给予"双困生"就业补贴，每人 400 元，加上交通住宿求职补贴，每人不超过 1000 元，资助面 15%；其三是社会慈善基金会提供的大学生就业资助，每人 3000 元，资助面约 7%。其中，高校和社会机构的就业资助还包括就业辅导等非物质资助内容。从就业资助的成效看，贫困生降低了贫困生就业成本，提高了贫困生就业竞争力，缓解了贫困生就业心理压力，其成效是显著的。

但是，调查显示，高校贫困生就业资助也存在某些问题：首先，贫困生就业扶助资金发放滞后，资助面不足，贫困生意见较大；其次，贫困生就业扶助缺乏部门协作，工作信息传递滞后；再次，贫困生就业扶助缺乏社会各界的参与，力量明显不足；最后，部分贫困生面对就业资助态度不端正，情绪消极。

针对上述问题，今后政府、高校、社会各界和贫困生四方应通力合作，采取相应措施，优化就业资助机制，提高就业资助成效。其可能的措施包括：政府加大资助与宣传力度，完善高校贫困生就业扶助的评价、监督和激励机制；高校实行全员全程系统化管理，贫困生就业扶助工作由专人负责，丰富贫困生就业扶助的内容，实施针对性的贫困生就业心理辅导；提高社会各界对高校贫困生就业扶助的关注度和激励力度，借助高校校友会的力量，加强高校与企事业单位的合作；贫困生自身端正就业态度，树立正向的价值观、就业观，积极参与有助于提高就业竞争力的相关活动。

综合管理篇

第五章 /

高校资助包计划的
运行机制及其优化对策

前面的研究对象均为单项的资助项目运行机制，本章中的"资助包计划"（financial aid package）是一种以高校为主体的混合资助管理模式，它具有整合多个资助项目资源，促进资助公平与效率的功能，已被欧美高校所广泛采用。2007 年以后，随着我国学生资助事业的快速发展，资助包计划也被我国部分高校采用。那么，作为一项新型资助管理模式，资助包计划的运行机制如何？与国外相比，我国的资助包计划的运行机制有何特点？又该怎样进一步提高其成效？这些问题将直接关系到今后我国高校学生资助事业的发展方向和水平。然而从研究现状看，目前国内只有少数文献对美国高校资助包计划进行了简略介绍，对于中国高校资助包计划的相关研究非常少见。基于此，本书将对上述问题进行研究，为今后的改革实践提供理论依据和决策参考。本章共分五节：第一节，国外高校资助包计划的运行机制；第二节，中国高校资助包计划的运行机制；第三节，中国高校资助包计划的本土特色；第四节，中国高校资助包计划的优化对策；第五节，小结。

第一节　国外高校资助包计划的运行机制

"资助包"是美国混合资助模式的主要载体，也是国外资助包计划的渊源和典型代表。在美国，高等教育资助项目繁多，其中仅联邦政府的"基于经济需要的资助项目（financial need based aid）"就有 8 项。按项目性质分类，包括 2 项赠与型资助项目（gift aid，含佩尔助学金、补助助学金）、4 项推迟付费型资助项目（delayed payment aid，含帕金斯贷学金、斯坦福贷学金、家长贷学金、直接贷学金）、2 项自助型资助项目（self-help aid，含工读方案、服务信托），其资助体系如图 5-1 所示。至于以奖学金为主的"非经济需要的资助项目"（non-need based aid），更是数以千计。大量性质不同的资助项目，带来了充足的资助经费，也给资助分配带来了困难。为更好地协调资助项目分配，防止过度资助与资助不足，美国大学入学考试委员会设计开发了"资助包"计划。

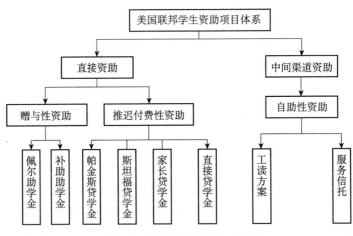

图 5-1　美国联邦学生资助体系

按照联邦教育部的定义，所谓资助包，是指"把提供给学生的全部资助，如助学金、贷学金、校园工读混合成一个'包'，以便协同帮助学生解决困难……其核心理念就是大学通过规范合理的配置，使每个学生都能获得与其困难程度相称的经济资助"。[1] 在具体操作上，资助包配置包括资助规模和资助项目两个方面，其配置原则是：其一，资助规模与资助需求挂钩。即资助包的总金额与学生入学资金缺口直接挂钩，学生的资助需求越大，资助包就越丰厚，反之亦然。这样既保证每个学生都得到充足资助，又可防止资助不足和资助过度，保证资助分配的均衡性。其二，资助项目与学生家庭经济困难程度挂

---

① The Financial Aid Package. Stanford University Financial Aid Handbook，2005-2006：5-7.

钩。学生家庭经济越贫困，无偿资助项目（主要是助学金）比例就越大，中产阶级家庭的子女则以有偿资助（如学生贷款或校园工读）为主。这样可以保证学生资助的公平性和经济可持续性。此外，即使是贫困生也必须配以一定比例的有偿资助，从而体现高等教育成本分担原则，培养学生自强精神。

由此可见，合理配置资助包的关键，在于准确了解学生的经济资助需求。那么，如何了解这些信息呢？美国利用完善的收入申报和征信系统，很容易通过"家庭经济调查"（mean test）获取这些关键信息。在此基础上，美国国会根据《高等教育法》的要求，制定出资助包配置的权威操作方法——"国会方法"。它主要包括以下四个步骤。①

第一步，计算"上学成本"。"上学成本"主要反映"学生入学所需"，它由五项指标组成，即：上学成本 = 学杂费 + 书本文具 + 食宿费 + 交通费 + 其他费用。具体的上学成本由大学委员会负责测算并公布。

第二步，计算"预期家庭贡献"。"预期家庭贡献"主要反映学生的"家庭供给能力"。预期家庭贡献 =（家庭收入 + 财产 + 学生个人积蓄）-（基本生活开支 × 家庭人口）。相关数据主要通过家庭经济调查来收集。大学委员会核算出美国各地的参考标准，学校可根据该标准来估算学生的家庭供给能力。

第三步，计算学生"经济资助需要"。"经济资助需要"反映学生入学的资金缺口。即：经济资助需要 = 上学成本 - 预期家庭贡献。经济资助需要一般由高校来计算。

第四步，配置资助包，并加以动态管理。即根据学生家庭经济状况和经济资助需求，学校公布一揽子资助的配比标准。同时，学校将各种奖学金也纳入资助包中，旨在鼓励学生学习，方便统筹管理。若学生获得校外资助，必须主动报告。若资助总和超过上学成本，将减少校内资助项目。若发现学生漏报或谎报，全部资助将可能被取消。

可见，"国会方法"的实质是以"学生入学所需"与"学生家庭所供"核算资金缺口，以此确定每位学生的资助规模和项目结构，并加以动态管理。其操作流程如图 5 - 2 所示。

---

① The Financial Aid Package. Stanford University Financial Aid Handbook，2005 - 2006：5 - 7.

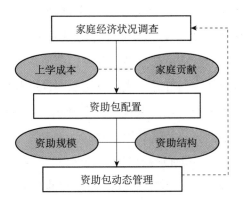

图 5 - 2　美国资助包计划的运行机制

综上所述，美国资助包计划实际上是个"一揽子混合资助"方案，它对每个学生的资助额度、资助结构、计算办法、操作流程等都做出了明确的规定，并辅之以计算机动态管理，既便于执行，也易于审核和监督，促进了资助资源的合理配置，具有很强的科学性和便捷性。基于此，美国资助包计划此后被欧美多个国家所采用和借鉴。

第二节　中国高校资助包计划的运行机制

作为一种新型的精准资助管理模式，高校资助包计划在我国的实施，是我国高等教育与学生资助管理模式同步发展的产物。

我国高校学生资助制度的主旨是面向贫困学生提供经济援助，从而保障教育公平。然而 20 世纪 90 年代以前，我国高等教育一直处于精英教育阶段。在这一阶段，资助项目很少，最主要的资助项目是 1950 年起实施的人民助学金（俗称"生活补贴"）。在资助分配上，与平均化倾向严重的收入分配体制相适应，助学金长期奉行"无论贫富，人人有份，数额均等"的平均分配制度，进而遮蔽了资助项目的"扶贫"属性，使其异化为一种"普遍待遇"，也带来了资助目的不明、扶贫资金分散等弊端。但由于当时学生数量少，居民收入差距不大，且免收学费，资助错配的问题并未引起足够重视。

20 世纪 90 年代，为推进高等教育大众化进程，我国开始实行高等教育成本分担改革和收费制度，贫困生问题随之日益凸显。为此，我国着手建立了

"奖、助、贷、勤、补、减"为主体的高校多元化资助体系。但是，在原有的平均分配制度下，有限的资助经费被"撒胡椒面"式地分散使用，制约了学校对日益增多的贫困生的救助能力，资助错配的弊端被进一步放大。对此，各高校的改革步调异常趋同，那就是将以往人人皆有的资助补贴，改为贫困生才能享受，从而集中有限资金，加大扶困力度。自此，资助经费平均分配的倾向得到遏制，资助对象转变为主要面向贫困生。然而，由于资助体系初建，资助项目和经费供给远低于需求，学生资助的主要矛盾是"僧多粥少"的供需矛盾，资助工作的重心是争取更多的资助经费，资助管理的有效性并未得到足够重视。在管理模式设计上，由于资助项目和经费少，多数高校采用了分散管理的方式，即各资助项目独立申请、独立运行和独立监管，项目之间互不打通。这种简单直观的管理方式虽有潜在弊端，但基本适应了当时资助工作的需要。

2007 年，我国高等教育毛入学率达 23%，已进入国际公认的大众化发展阶段。当年，为加大高等教育公平的保障力度，我国发布了《关于建立健全普通本科高校高等职业学校和中等职业学校家庭经济困难学生资助政策体系的意见》，建立了新的高校学生资助体系。在新高校资助体系中，至少包括了 5 项赠与型资助项目（国家奖学金、励志奖学金、国家助学金、困难补助、学费减免）、1 项推迟付费型资助项目（国家助学贷款）、4 项自助型资助项目（教学助理、科研助理、管理助理、勤工俭学）。此外，还有各学校自主设置的社会奖助学金等。

资助项目和经费的增加既为高等教育公平提供了财政保障，也加大了资助管理的难度。在新形势下，以往资助项目分散管理的潜在弊端开始暴露：第一，在传统资助模式下，资助项目的申请、运行和监管"各自为政"，管理成本高，占用了学生和校方大量时间精力。第二，由于项目分散管理，资助信息沟通不畅，资助项目和经费又大量增加，导致有的学生获助过多，有的学生却严重不足。这种"旱涝不均"的错配现象，引起了舆论关注。第三，资助滞后，资助项目运行全程以人工管理为主，项目申请下达周期长，学生获助不及时。第四，资助不透明，学生意见较大。这些问题表明，学生资助工作亟须一种能对各种资助项目进行统筹配置和集约管理的新模式，以促进资助公平与效率。2007 年上半年，教育部连续发布 7 个文件，进一步明确了"贫困学生分级资助""学费资助和生活费资助分离"等政策。在上述背景下，国内部分高校（如华中科技大学、北京外国语大学、山东建筑大学、华侨大学等不同层次和类型的学校）开始对学校资助工作进行改革，试行资助包制度，以规范和优化资助管理。

纵观各高校的改革实践，其资助包计划基本秉承了国外资助包计划的实施理念，即各种资助项目整合成一个资助包，加以统筹安排，集中办理。其机制流程大致可分为三个步骤。

第一步，贫困生认定（determination of needy students）。其主要工作是调查了解学生的家庭经济状况，据此对学生进行分类。当前高校贫困生认定基本上是在贫困证明的基础上，结合其他方法综合实施。调查表明，目前我国高校贫困生认定的方法有"贫困证明法""贫困证明＋参与式判定法""贫困证明＋经济生活比照判定法""综合评测判定法"四类方法。[①] 依据贫困生认定结果，最常见的分类方法是将学生分为"非贫困生""普通贫困生""特困生"三类。

第二步，"资助包分包"。在贫困生认定的基础上，按照"分级资助"原则，为学生制定和下达"一揽子资助方案"（包括资助总金额和项目配置），称为"资助包分包"。特困生资助包金额最大，赠与型资助比例最高；普通贫困生次之；非贫困生最多只有奖学金。

第三步，动态管理。结合计算机系统，学校引入两个概念：一个是"静态贫困度"，反映学生入学初期家庭经济状况；另一个是"动态贫困度"，即每年开学之际，加入学生上学年家庭经济状况变动情况、受助情况和在校表现。若学生获得资助资金过多或不足，或资助结构失调，那么其他资助则相应减少，以此来达到总金额的平衡。综上，中国高校资助包计划的运行机制如图5-3所示。

可见，中国高校资助包计划的核心是根据贫困生认定所确定的各等级学生，整合不同的资助项目，这样既方便学生申请，又便于学校管理。从试点高校的实践结果来看，高校资助包计划实施以后，基本实现了学生资助信息的分层排序与动态管理，降低了资助事务性工作压力，使教辅人员有更多时间做研

① 毕鹤霞. 中国高校贫困生判别研究 [D]. 华中科技大学博士学位论文，2010.

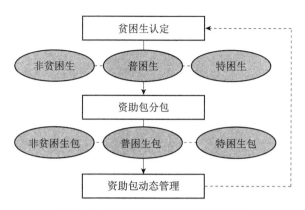

图 5 - 3 中国资助包计划的机制流程

究性、指导性的工作，也减少了学生反复申请资助项目的时间和精力，做到了资助有计划、有步骤实施，并快速到位，以往学生获助不及时、"旱涝不均"、缺乏透明度、静态管理等粗放资助现象大为减少，因而受到学校师生和管理部门的普遍认同。因此总的来看，资助包计划有助于实现"力度精准""分配精准""发放精准"的精准资助要求，是今后建立和完善高校精准资助内部管理机制的重要途径。

第三节　中国高校资助包计划的本土特色

中国高校资助包计划是国际经验与我国实际相结合的产物。从某种意义上讲，高校资助包计划是自欧美发达国家引入的舶来品，其基本理念虽具有一般性，但最初的操作方式又是与欧美国家的经济社会发展条件和资助需求相适应的。因此，我国高校在实施资助包计划时，必须充分考虑本国国情和具体校情，不能一味照搬国外既成模式。基于此，我国高校在实施资助包计划时，均对其进行了本土化改造，形成一种既充分汲取国际经验，又具有中国本土特色的资助包实践模式。相比欧美国家，我国高校资助包计划普遍具有以下几个特色。

第一，依托贫困生认定，对学生进行分级资助。分级资助是中国高校资助包配置的基本原则。而欧美等发达国家大多具有完善的收入和财产申报系统，因而很容易度量学生家庭经济状况和入学经济需求。因此，欧美高校大多以

"差别资助"为原则配置资助包。在具体操作上，首先依托收入和财产申报系统对学生进行家庭经济调查，量化测算学生的入学资金需求，然后再个性化地配置资助包的规模与项目，因而其资助包配置灵活多样，基本实现了"因人而异，量身定做"。

相比欧美国家，我国的问题在于目前尚缺乏完善透明的收入和财产申报制度，所以难以准确计量学生家庭经济状况和资金需求。在这种情况下，我国高校因地制宜，创造性地将差别资助改为更加简单易行的分级资助来配置资助包。在具体操作上，首先依托贫困生认定，对学生家庭贫困度进行分级，然后根据其贫困等级来配置资助包，在同一贫困等级内，资助包配置"一刀切"，内容相同；不同的贫困等级之间，资助项目和力度呈阶梯式变化，因此总体看，我国资助包计划的资助供给并不与资助需求直接挂钩，并未完全实现"个性化配置"。[①] 我国资助包的个性化水平虽然不如国外，但基本上绕过了学生家庭经济状况无法度量的难题，使得资助包计划得以实施。

第二，资助对象以贫困生为主。在中国，除奖学金外，其他资助项目只面向贫困生，因此资助包计划的主要受益者是贫困生。少数非贫困生即便获得了资助包，其中也只有奖学金。而在欧美等发达国家，一般没有明确的贫困生概念和界定标准，资助包计划面向所有学生开放，不但贫困学生可以申请，普通中产阶级家庭和富人子女也享有同等权利。

欧美高校能够做到这一点，主要取决于以下因素：首先，欧美国家资助经费充足，而贫困生人数相对较少，因而有条件将资助面扩大到非贫困学生。其次，欧美国家的学生资助理念深受"扩大自由选择"思想的影响。在欧美国家，不同高校或专业之间的学费差异很大，有的名校或热门专业收费相当昂贵，即使是中上收入家庭也难以承担。而"扩大自由选择"思想认为，资助

---

① 若用数学函数形式来反映，美国高校资助包的规模和项目结构可分别视为学生资助需求和家庭经济状况的"线性函数"，资助包则可视为学生资助需求和家庭经济状况的二元复合函数。而中国资助包的规模和结构均为学生家庭经济等级的"分段函数"，其资助包则可视为学生家庭贫困等级的一元复合函数。假定 Z 代表资助包，Q 代表资助规模，S 代表项目结构，n 代表学生资助需求，p 代表学生家庭经济状况，p_1 和 p_2 分别代表普通贫困生和特困生，均为等级常量。则美国高校资助包为 $Z = [Q(n), S(p)]$。在定义域内，Z 集合理论上有无限值，代表资助形式多样，个性化程度高。而中国高校资助包为 $Z = [Q(p_1), S(p_1)]$，或 $Z = [Q(p_2), S(p_2)]$。在定义域内，Z 集合理论上只有两个值，代表资助包类型相对单调，个性化水平低。

来自中上收入家庭的学生，有助于扩大其"选校自由"，优化教育资源配置，在更高程度上促进教育公平。最后，欧美社会注重培养年轻人的独立意识，很多年轻人18岁之后主要通过社会融资和劳动完成学业，以此早日建立信用记录，承担社会责任和压力。因此即使父母收入不菲，其子女就学也需要社会资助。基于上述因素，在欧美等发达国家，中上收入家庭的子女在申请资助包时与贫困生同权。相比之下，我国资助资源供给紧张，资助竞争激烈，即使是贫困生也难以完全满足其需要，因而并不具备实施全面资助的经济条件。同时，我国高等教育收费存在管制，不同高校与专业之间的学费差异相对较小，即便是名校或热门专业的收费标准，也基本能被中上收入家庭所承受。基于此，我国高校资助包计划将全面资助改为重在照顾最为困难的贫困生群体，非贫困生主要依靠奖学金和家庭供给入学，从而适应了资助资源不足的现实局面，使有限的资助经费得到了更合理的利用。

第三，助人与育人相结合。助人与育人相结合是我国高校资助包计划的一大创新。在欧美国家，资助包计划的主旨是"助人"，即满足学生的经济需求，优秀学生所能享受到的特别资助通常仅限于奖学金。而在我国高校资助包计划将"育人"也作为宗旨，优秀学生通常能得到更多的资助激励。例如，华中科技大学的资助包计划在静态划分学生家庭贫困等级的基础上，综合考虑学生学业、操行、节俭程度和信用状况等动态因素，将贫困生细分为"品学兼优的特困生、特殊困难学生、比较困难学生、需要督导的特困学生、品学兼优的困难学生、困难学生、一般困难学生和需要督导的困难学生"八类，其中，品学兼优的贫困生可申请的资助项目和经费多于同等级普通贫困生，需要督导的贫困生则相反。此外，非贫困生也分为"可以给予奖励的学生、需要督导的学生"两类，前者可以申请奖学金，后者则不能，以此鼓励学生积极进取，充分发挥学生资助的育人功能。①

第四，资助项目经费必须"专款专用"。由于美国资助资源充沛，且注重培养学生的独立自主精神，因此，美国资助包计划对资助经费的用途无严格要求，学生获取资助包后，其各类项目经费由学生自主支配。相比之下，我国资

---

① 华中科技大学资助管理中心．华中科技大学资助手册［R］．2010.

助资金相对有限，学生经济自理的意识和能力也不够，因此，我国高校资助包计划规定，学生在获得资助包后，其资助经费的支出范围必须根据项目来源"专款专用"，以提高资金使用效率，保证学生能够顺利完成学业。

就各类资助经费的使用渠道而言，目前我国高校资助包计划将资助项目分为三类：第一类为奖优基金，主要用于奖励各方面表现突出的学生，包括国家奖学金、国家励志奖学金等；第二类为学费资助金，主要用于解决贫困生的学费、住宿费问题，包括国家助学贷款、学费减免；第三类为生活费资助金，主要用于解决贫困生在校期间的生活费问题，包括国家助学金、困难补助金、勤工助学等。简而言之，"助学贷款保学费、助学金保生活、奖学金和勤工助学促发展"，三类资金互不重叠，不得挪用，保证资金专项使用。[①] 同时，这也是对教育部"学费资助和生活费资助分离"政策的落实。

第四节　中国高校资助包计划的优化对策

资助包计划是一种混合资助管理模式，其核心理念是通过规范合理的配置，使每个学生都能获得与其困难程度相称的经济资助。2007 年以后，面对资助项目和经费大幅度增长的新形势，我国高校开始引入国外资助包计划，并对其进行了本土化改造，使其具有"分级资助""贫困生优先""助人与育人相结合""专款专用"等本土特色，进而更合乎中国国情和资助需求，体现了一般性与特殊性相结合的马克思主义实践论原理。从实践结果看，资助包计划的引入基本上克服了以往分散管理所导致的多种弊病，促进学生资助工作的公平与效率，是一种更为精准的高校综合管理模式。目前，资助包计划在国内应用面还很有限，今后有必要加大推广力度，以促进高校精准资助机制建设进程。

相比国外资助包计划，我国高校资助包计划也存在某些不足。今后要提高我国高校资助包计划的实施成效，可从以下几个方面着手。

第一，改进贫困生认定方法，从源头上把好"公平关"。贫困生认定是我

---

① 华中科技大学资助管理中心. 华中科技大学资助手册［R］. 2010.

国资助包计划的实施基础，其结果直接关系到资助包计划的公平性。然而，如何准确判定贫困生的家庭经济状况一直是个难点。现行认定方法往往依靠直观和经验，且受人情因素干扰，难免会造成误判。相关研究也表明，现行高校贫困生判别方法存在着"认定起点上参照体系失效，认定过程中以评选取代认定，认定结果上存在'假贫困'现象的不足，影响了资助的公平性"。① 换句话说，助学金项目中64%的受益者并不是最需要经济资助的大学生。因此，加强对科学认定方法的研究，是当前提高资助包计划实施成效的关键所在。今后可继续深化这方面的研究。

第二，在现有条件下，可引入多种指标，细化学生分级，以提高资助包的个性化水平和社会效益。例如，华中科技大学将学生品行学业引入贫困生分级，并在资助力度和项目分配上适当拉开差距的做法就很值得借鉴。又如，在资助包分包时，可引入专业回报率指标，对某些经济回报率较低，但社会效益突出的基础学科专业，如农林师范类专业学生，在资助包配置中给予适当倾斜。上述多元分类方法可以提高其个性化水平，并鼓励学生健康成长，引导其服务社会，是一种很大的改进，其思路很值得借鉴。

第三，从长远来看，要提高资助包的实施成效，还有赖于外部环境的优化和配套制度的完善。首先，国家今后应继续加大资助投入，鼓励社会助学。资助资源的增加有助于拓宽资助包的受益面，放松资金使用限制，从而更好地保障教育公平，培养学生的独立精神。其次，政府应加快建立健全全民财产收入申报制度，使居民家庭收入更加透明。届时，关于学生家庭经济状况的信息将更加准确，学校也可实现从"分级资助"向"差别资助"的转变，使资助包配置更加个性化，资助工作更加公平高效。

第五节　小结

资助包是我国高校学生资助体系中一种正在探索中的混合资助模式。资助包计划的核心理念是通过规范合理的配置，使学生获得与其困难程度相称的经济

---

① 毕鹤霞. 中国高校贫困生判别研究 ［D］. 华中科技大学博士学位论文，2010.

资助，在欧美各国得到广泛使用，其中最具代表性的是美国的高校资助包计划。

在美国，高等教育资助项目繁多，仅联邦政府的"基于经济需要的资助项目"就有 8 项，以奖学金为主的"非经济需要的资助项目"更是数以千计。为协调大量性质不同的资助项目分配，美国设计开发了"资助包"计划。在配置原则上，资助规模与资助需求挂钩，以保证资助分配的均衡性，防止资助不足和资助过度；资助项目与家庭经济困难程度挂钩，以保证学生资助的公平性和经济可持续性，培养学生自强精神。在此基础上，再应用"国会方法"配置资助包。它主要包括计算"上学成本""预期家庭贡献""经济资助需要""配置资助"包四个步骤，其实质是以"学生入学所需"与"学生家庭所供"核算资金缺口，以此确定每位学生的资助规模和项目结构，并加以计算机动态管理，既便于执行，也易于审核和监督，促进了资助资源的合理配置，具有很强的科学性和便捷性。

20 世纪 90 年代以前，我国高等教育处于精英教育阶段，资助错配的问题并未引起足够重视。20 世纪 90 年代后，高校贫困生问题凸显，资助错配的弊端被放大。但当时学生资助的主要矛盾是供需矛盾，资助管理的科学性仍未引起重视。到 2007 年以后，面对资助项目和经费的快速增长，以往资助项目分散管理的潜在弊端充分暴露，国内部分高校开始试行资助包制度。

中国高校资助包计划的操作流程大致可分为贫困生认定、资助包分包和动态管理三个步骤。相比欧美国家，我国高校资助包计划具有对学生进行分级资助、资助对象以贫困生为主、助人与育人相结合、资助经费必须"专款专用"等本土化特色，以化解无法准确度量学生家庭经济状况的难题，保证有限的资助经费得到更合理的利用，更合乎中国国情和资助需求。资助包计划实施后，实现了学生资助信息的分层排序与动态管理，促进学生资助工作的公平与效率，受到学校师生和管理部门的认同。总体看，资助包计划对于克服国内高校资助工作的粗放积弊具有很强的针对性，有助于实现"力度精准""分配精准""发放精准"的精准资助要求，是今后建立和完善高校资助的内部精准管理机制的重要途径。今后有必要在国内加大资助包计划的推广力度。我国应进一步改进贫困生认定方法，细化学生分级，健全收入和财产申报制度，以健全高校资助包计划的运行机制，提高其精准资助成效。

第六章 /

高校学生资助反周期
供给机制的构建与应用

如果说第七章探讨的资助包计划是一种以高校为管理主体的微观精准资助管理机制，那么本章探索的反周期供给机制则是一种以政府为管理主体的宏观精准资助管理机制，具有较强的创新性。经济周期是现代市场经济运行中不可避免的经济现象，必然会引起学生资助供求关系的周期性紧张。这是一个具有必然性、长期性和普遍性的重要问题，迄今未引起学界的充分关注。同时，在国内外实践中，高校学生资助的反周期措施多为临时性措施，而非制度化的自动调节机制，具有反馈滞后和缺乏稳定性的弱点。基于上述原因，本章将应用控制论原理，设计基于就业率的学生资助自适应供给系统机制，以实现高校学生资助供给规模的精准调节，应对经济周期对学生资助的冲击。

本章内容共分四节：第一节，学生资助与经济周期的关系：基本原理与现实案例；第二节，高校学生资助反周期供给机制的构建与应用；第三节，高校学生资助反周期供给机制的可行性与实施效益；第四节，小结。

第一节　学生资助与经济周期的关系：基本原理与现实案例

一、学生资助与经济周期的共振原理与调控目标

经济周期（business cycle）是现代市场经济的必然现象。所谓经济周期，

是指经济运行中交替出现的经济扩张与紧缩的波动变化。它是现代市场经济条件下经济运行过程中的必然现象。现代宏观经济学将经济周期分为经济扩张期（economic expansion）和经济紧缩期（economic contraction）。前者指的是经济增长率的上升期，这时社会经济增长较快，市场供求两旺，资金周转灵便，企业和社会发展都处于宽松的外部环境中；后者指的是经济增长率下降段，此时社会经济增长缓慢，市场需求疲软，商品滞销，资金周转不畅，企业和社会发展都处于不利的外部环境中。

经济周期波动不但会影响经济和社会发展，同时也会影响学生资助的供求关系。通过分析不难发现，经济扩张会有利于学生资助发展：第一，社会经济的较快增长有利于减少社会贫困人口，进而减少大学贫困生数量，减少学生资助需求；第二，经济扩张有助于毕业生就业、提高收入和偿还学生贷款，从而降低贷款违约率，增加学生贷款供给量；第三，经济扩张期间，金融环境宽松有利于激励助学贷款供给，就业机会增加有利于学生勤工俭学，财政增收有利于增加奖学金、助学金预算。因此总的来看，在经济扩张期，学生资助需求减少，供给则相对上升，供求关系趋于平衡。相反，若经济周期处于紧缩阶段，在校生资助需求增加，而学生资助资源将受到限制，学生资助供求关系趋于失衡。

可见，经济周期与学生资助之间存在特定的联系，其关系可概括为：经济紧缩期，资助需求增大，资助供给减少；经济扩张期，资助需求减小，资助供给增加。相应地，要满足动态变化的学生资助需求，关键是要对学生资助供给实施"逆风向"（leaning against the wind）调节，即经济紧缩期，着力扩大资助供给；经济扩张期，政府可减少干预力度，允许资助供给适当减小。对于这种"逆风向"的资助供给，我们不妨将其称之为"反周期供给"（counter cycle supply）。经济周期、学生资助以及政策调节目标三者间的关系见表6-1。

表6-1　　　　　　　经济周期、学生资助与政策调控目标的关系

经济周期	学生资助需求	学生资助供给	调控目标
经济紧缩	↑（上升）	↓	使资助↑
经济扩张	↓（下降）	↑	使资助↓

二、经济周期对国内外高校学生资助的冲击与政府应对措施的不足

经济周期对学生资助的影响是具有普遍性的，世界学生贷款的发展经验证

实了这一点。以美国次贷危机时期为例。美国是世界上高等教育最为发达的国家，也是学生贷款规模最大的国家。截至 2003 年，美国学生贷款规模已超过 1.15 万亿美元。[①] 到 2005 年，至少 22% 的美国人，绝对数达到 6000 多万人仍在偿还他们在上大学期间借的学生贷款。[②] 如此成就，很大程度上依赖于近年来美国宏观经济的高速增长——金融机构的活跃、资金供给的充裕，毕业生的高就业率等，为美国学生贷款的发展注入了强大的动力。然而受 2007 年次贷危机影响，美国经济周期步入衰退期，也使其高等教育和学生贷款受到了严重冲击。

美国公立高校的财政来源主要有四种：州政府投资、学生学费、社会捐款、部分学校的基金盈利。2008 年当美国次贷危机扩大时，州政府削减了对州立大学的投入；而学生家庭财产缩水使其提供学费的能力降低；企业自顾不暇，私人基金缩水，社会捐赠大量减少；高校对资本市场投资也受到市场衰退的拖累。当大学发展的四大财源都遇到阻滞，高校唯有提高学费，并减少由学校资金提供的学生资助，以应对金融危机的冲击。在高校提高学费的企图面前，学生提供学费的五种主要来源（家庭收入、奖学金、助学金、兼职、学生贷款）又趋于萎缩：许多美国家庭在金融危机面前入不敷出，资助子女就学更成问题；经济衰退使工作机会减少，全职者就业都困难，兼职学生则更难找到岗位；企业的不景气和学校财政的拮据，减少了奖学金和助学金的机会和额度。在这种情况下，学生只能寄希望于学生贷款。这就使得美国学生贷款需求迅速增加。与 2007 年相比，2008 年秋季学期美国申贷学生增加了 16%。

与之形成鲜明对比的是，金融机构收紧信贷，学生就业出现困难，贷款违约率急剧上升，这些变化立刻引起了全美学生贷款市场的萎缩。据美联社报道，截至 2008 年 4 月，全美已有 46 家学生贷款公司宣布停止办理联邦学生贷款业务，这些机构业务量占全美学生贷款业务总量的 12%；爱荷华州、密歇根州、蒙大拿州和宾夕法尼亚州也宣布停办学生贷款业务；而全美最大的学生贷款机构——学生贷款营销协会"沙利美"（Sallie Mae）亦宣布削减学习成绩

---

① 马经．助学贷款国际比较与中国实践 [M]．北京：中国金融出版社，2003：68．

② 汤白露．两部委出台强制性措施　国家助学贷款艰难破局 [N]．21 世纪经济报道，2005 - 09 - 04．

不佳学生的私人贷款，以控制贷款风险。① 这样看来，宏观经济环境是影响学生贷款发展水平的重要因素，即便是信用环境健全的发达国家，一旦经济紧缩，学生贷款业务也将出现严重萎缩，导致资助供给不足。

由于上述原因，一些美国家庭不得不考虑改变或延迟其子女的大学入学计划。有些学生放弃申请 4 年制大学而选择较便宜的社区学院；而有些学生则干脆推迟入学，等经济复苏后再说。据一项对 2500 名高三学生的调查，60% 的人表示因难以承受昂贵的学费，正考虑选择排名稍后但学费更便宜的大学；16% 的人表示因家庭无法承担学费而将推迟上大学的计划。②

面对金融危机对学生资助的影响，为保障高等教育发展，美国政府利用立法手段来调整政策。《大学成本降低与机会法》和《保证学生贷款机会法》因此于 2008 年 5 月出台，以此促进学生贷款业务，保证学生能够支付就学费用。两法案将商业性的联邦家庭教育贷款转为政府提供资金的直接贷款项目，同时，提高了联邦政府学生贷款的最高限额和政策条款的弹性。例如，降低贷款利率，加长启动还款的宽限期，改变偿还方式，给曾发生短期违约行为者再次申请机会；增加对私人机构继续放款的激励条款；提高佩尔助学金的限额，投入 100 亿美元资助残障学生和贫困学生，为学院机会补助金项目提供 7.5 亿美元；等等。③

可见，即使是学生资助体系非常发达完善的美国，学生资助事业也会受到经济紧缩的冲击。我国当然也不例外，当 2008 年美国金融危机波及我国时，我国经济同样出现了紧缩。据统计，我国 2008 年 GDP 增速从一季度的 10.6% 下滑到三季度的 9.9%，国家财政收入增速明显下滑，全球经济衰退也令我国出口增速放缓。在这一时期，问题最为明显的是大量农民工的返乡。据农业部 2009 年初对 15 个省份、150 个村的抽样调查，在全国 1.3 亿外出农民工中，就有 15.3% 的农民工因经济不景气而失业返乡，总数达 2000 万人。④ 其中，江西省春节期间从外省返回人员高达 190 万人，其中 114 万人是正常回家过

① 信用危机冲击学贷市场 美国国会忙提案救市 [EB/OL]. http：//www. singtaonet. com/america/200804/t20080412_ 761760. html.

② 金融危机蔓延，美国人开始上不起大学了 [N]. 成都商报，2008 – 20 – 21.

③ 王蓉. 中国教育财政政策咨询报告（2005—2010）[M]. 教育科学出版社，2011：125 – 126.

④ 宋振远. 2000 万失业农民工返乡之后 [N]. 中国青年报，2009 – 02 – 11.

年，51 万人受经济危机波及返乡待业。①

经济紧缩首先增加了学生资助需求。学生资助政策的受益者一般是家庭经济困难学生，其父母通常经济收入低，抗风险能力差，即使是在经济稳定发展期也难以承担高等教育学费，而在经济紧缩期间，他们更容易遭受减薪和解雇。当减薪和解雇发生时，贫困生将更趋贫困，以往处于贫困生边缘的学生也可能陷入贫困，进而增加贫困生数量和学生资助需求。外出务工是农民增收的重要手段，一旦他们返乡又待业，就可能退到贫困线以下，增加贫困生人数。笔者 2008～2009 学年在江西数所高校的调查也表明，高校贫困生数量和贫困度明显增加，多数新增贫困生是由于父母直接或间接受到国际金融危机影响，而失业、返乡或生意不顺引起的。

经济紧缩还降低了学生就业率，抑制了学生资助供给。受到国际金融危机影响，许多企业出现了倒闭、减产、轮岗或裁员，加剧了大学毕业生的就业难度。据人力资源和社会保障部统计，2009 年第一季度大学毕业生签约率为20%～30%，而 2009 年 6 月，全国高校毕业生签约率达到 45%，均低于同期水平。② 再以江西为例，2009 年前 9 个月，江西省城镇登记失业人数约 26.5万人，城镇新增劳动力约为 20 万人，省内农村富余劳动力新增转移就业 29 万人左右，供给总量达到 75.5 万人；而同期江西省城镇实际新增就业岗位仅36.6 万个，供求相差近 40 万个，就业压力之大不言而喻。③ 50 多万农民工的大规模返乡，加剧省内本已十分严峻的就业形势，更加大了学生的就业压力。更重要的是，银行考虑到贷款风险的增加，因而严格控制助学贷款发放，抑制了学生资助供给。2008 年，江西全省助学贷款实际发放 1.98 万人、金额 1.19亿元，只解决了需求人数的 34%、金额的 37.1%，甚至还出现几家银行停贷的现象。④ 此外，国际金融危机也使来自企业和社会的奖学金、助学金以及勤工俭学机会减少，进一步减少了资助供给。

可见，在经济下行期间，就业压力的加大，薪酬水平的下降，贷款风险的

① 董显平．江西：多渠道疏导农民工"回流"[J]．中国经济周刊，2009 - 03 - 02．
② 刘成．我国大学生就业政策体系形成 鼓励企业聘毕业生 [N]．中国青年报，2008 - 06 - 05．
③ 李兴文．全国劳务输出大省江西省农民工返乡调查报告．http：//news．qq．com/a/20081113/000988．htm，2008 - 11 - 13．
④ 张武明．江西省全面启动生源地信用助学贷款 [N]．江西日报，2009 - 04 - 16。

增加都会造成整个学生资助系统的全面紧张。若不采取得力措施，有限的资助供给将无法满足日益增长的资助需求，并引发一系列问题。而如何激励学生供给扩张，满足学生资助需求，实现学生资助业务的"软着陆"成为经济紧缩期学生资助发展面临的主要矛盾。为此，2008～2009年，我国也出台了加大应急性的奖助学金投入，力推生源地信用助学贷款，向学生贷款机构施压、保障和资助学生就业与创业等措施，以抑制金融危机对学生资助的影响，实现"五个确保"的承诺。

从国内外应对措施看，它们虽然都有其合理性，但大多存在两个问题：一是以应急性的行政化手段为主，因而不免应对仓促，反应滞后。如资助危机来临，便出台紧急措施，危机解除后，便恢复常态。而这种调节手段属于"事后调节"，等到手段生效，教育公平已经受到损害。二是应对措施凌乱分散，操作不便。如助学金不足，便临时增加财政投入；贷款不足，便敦促贷款机构放贷；学生就业难，便鼓励学生创业，或引导学生服务地方。显然，这样的应对措施政出多门，缺乏系统性和协调性，很容易顾此失彼。相应地，理想的学生资助反周期供给措施至少应具备两个条件：第一，应对措施制度化、常规化，这样可以使学生资助的反周期工作具有预见性和灵敏性，且能够"长抓不懈"，从而避免了以往相关工作反应滞后的不足。第二，应对措施统一简洁，易于操作和协调，最好能够"自动"实施。综合上述要求，要应对学生资助的周期性波动，借用控制论（cybernetics）的说法，就是必须建立起学生资助的"自适应"供给体系。

第二节　高校学生资助反周期供给机制的构建与应用

学生资助的公益性和外部性，决定了调节学生资助供给是公共财政的责任。目前，公共财政介入学生资助的方式主要有两种，即由财政直接提供奖助学金，或由市场提供助学贷款再由政府提供财政补贴。后者占用财政资金较少，并可发挥贷款机构的优势，主要用于解决学生的学费和住宿费，保证学生能够入学，因此，可应用控制论原理，将高校学生资助反周期供给机制分成学业资助和生活资助两种反周期供给机制。在具体操作上，可以将就业率/失业率作为学生资助供应量的观察和调节指标，以风险补偿金和助学贷款保险作为具体调节工具，以实现学生资助的自适应供给。

一、中国高校学生资助反周期供给机制的设计原理

学生资助反周期供给机制的构建必须满足两个条件：第一，在功能上可以使学生资助实现反周期供给，尤其是在经济紧缩时期，能够迅速扩大资助供应；第二，机制设计具有一定的"自适应性"，这样可以使学生资助应对经济周期的措施更加常规化，且更好操作。按照这一要求，可以将控制论作为设计学生资助反周期供给机制的基本原理。

控制论是研究动态系统在变化的环境条件下如何保持平衡状态的科学。而自适应系统（adaptive control system）可以采集不断变化的输入控制信号（input controlling signal），然后通过自适应控制机制（adaptive control mechanism）的作用，使系统运行达到预定目标。学生资助体系原本就是一个随经济周期波动的动态系统，而理想的学生资助体系则应在各种经济环境下保持供求平衡，所以，可以借鉴控制论原理来设计一个不断适应需求变化的学生资助自适应供给系统。其具体的工作原理为：当供给调节信号（即控制信号）输入时，供给调节机制（即自适应控制机制）按特定方式作用于学生资助体系，最终实现学生资助的供求平衡（见图6-1）。这样，学生资助的自适应供给系统也就得以建立。

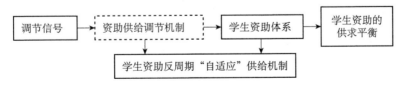

图6-1 学生资助反周期自适应供给系统的设计原理

从图6-1可以看出，在既定的学生资助体系下，要设计学生资助自适应供给系统，必须确定两个关键因素：供给调节信号和供给调节机制。前者用来反映经济环境和资助需求的变化；后者调节资助供给，使其与资助需求相匹配。那么，在这个自适应供给系统中，调节信号是什么呢？供给调节机制又该如何建立呢？下面将对上述问题进行研究。

二、基于就业率的高校学业资助反周期供给机制构建

尽管我国高校学生资助体系内项目繁多，但从整体情况看，国家助学贷款资助力度强，覆盖面广，一直是我国高等教育资助体系的支柱项目。再从资助用途看，"在整个新的资助政策体系中，国家设立了不同的资助项目、设计了不同的功能。解决问题最主要的、最长久的方式还是国家助学贷款，这是解决贫困学生求学之路的根本之策……一定数额的助学金只能解决吃饭问题，而学费、住宿费主要还得靠助学贷款来解决"。[①] 最后从反周期功能看，相比财政高投入的奖助学金和学费减免，以及就业岗位相对刚性的勤工俭学，助学贷款是一种具有自我循环功能的金融产品，它运行的财政成本低，资助力度大，只要措施到位，其资助量具有相当的弹性，更容易在短时期实现逆周期的增长。因此无论从必要性，还是从可行性的角度看，在各个资助项目中，助学贷款更加适合作为构建学生资助反周期供给机制的基础项目。其具体机制创新可以从改革风险补偿金机制和引入助学贷款保险机制两方面着手。

第一，建立盯住就业率的风险补偿金浮动机制。要构建我国学生贷款的反周期供给机制，可以从改革现行的学生贷款供给机制入手。学生贷款是由商业银行自主经营的资助项目，所以在现行制度框架中，主要是通过财政补贴调节学生贷款供给量，即增加补贴，贷款扩张；减少补贴，贷款紧缩。具体来说，目前我国学生贷款的财政补贴主要有提供给学生的"贴息"和"服务代偿"，以及提供给银行的"风险补偿金"和"税收优惠"等形式。其中，服务代偿和税收优惠补贴力度很小，且操作限制较多，因此它对调节助学贷款供给的作用较小。而贴息的直接补贴对象是学生，它对贷款机构的激励作用比较间接，而且存在时滞，因此它调节贷款规模的作用并不显著。

相比之下，风险补偿金对贷款规模的调节功能更为理想。现行做法是高校和政府按当年贷款发生额的一定比例给予贷款机构以风险补偿金，以拓展其"安全边界"（margin of safety），其具体比例在不超过15%的条件下由招标或协商确定。由于风险补偿金直接补贴贷款机构，可以迅速起到分担贷款风险、

---

① 谢湘. 有益于青年一生成长，生源地助学贷款成亮点［N］. 中国青年报，2008 – 08 – 29.

激励贷款机构增加供给的作用；还由于学生贷款的供给弹性灵敏，少量的供给补贴就能引起贷款规模骤增，因此自政策实施之日起，风险补偿金便一直作为激励学生贷款供给的主要手段。可引为佐证的数据是，从开始实施风险补偿金的2004年6月至2006年6月两年间，全国财政核定安排风险补偿金4.79亿元，同期累计审批贷款金额131.7亿元。[①] 这样，风险补偿金的"杠杆率"可为4.79/131.7，约1/28。这表明，这一期间政府计划每支出1元钱的风险补偿金，就可撬动28元的助学贷款金额，风险补偿金对激励贷款供给的作用明显可见。

由于风险补偿金对贷款供给具有强激励功能，同时，贷款机构又可以在15%的范围内竞价风险补偿金比例，因此，贷款机构可以根据经济周期所引起的贷款风险变化，自主调节风险补偿金比例，并由此影响贷款规模。即：经济紧缩期间，贷款风险上升，提高给予贷款机构的风险补偿金比例，促使贷款扩张；反之，经济扩张期间，贷款风险下降，降低贷款机构的风险补偿金比例，使得贷款紧缩。因此，现行的风险补偿金机制本身就应该具有一定的"反周期自适应供给"功能。要构建学生贷款的反周期供给机制，可以将现行风险补偿金机制作为基础。

现行风险补偿金机制的不足之处在于其比例上限始终保持15%。风险补偿金是对贷款风险的补偿，而贷款风险又随时处于变化之中，所以风险补偿金比例应根据风险水平浮动，而非规定一个恒定上限。如果说在经济扩张期间，15%的比例上限尚能满足贷款机构的要求，那么在经济紧缩期，这一比例上限很可能无法弥补贷款风险，并引起惜贷。因此，要强化学生贷款的自适应供给功能，应取消风险补偿金比例的恒定上限，使其根据贷款风险水平的变化浮动。那么，如何衡量贷款风险水平的变化呢？

贷款风险水平的变化，可以参考大学生就业率或失业率指标予以确定。尽管恶意拖欠等信用失效原因会影响违约率，增加贷款风险，但多个调查结果和实证研究表明，贷款违约的主要原因是学生无偿还或低偿还能力。[②] 因而，学生贷款的风险水平与毕业生的就业状况有着高度一致的负相关性。如据东北大学调查，在该校不还款学生中，"80%是由于没有找到工作或者失去工作……助

① 宋镜. 助学贷款，财政贴息知多少 [N]. 中国财经报，2006-11-21.
② 廖茂忠. 学生贷款违约影响因素研究 [D]. 华中科技大学，2008.

贷良性循环的基础在于就业"。[①] 另据统计，2007年全国近500万名高校毕业生中，截至当年10月底尚有140万人未找到工作，失业率约为28%。而同期助学贷款欠贷率达28.4%。[②] 这两个数字的如此接近，证实了贷款风险与学生就业率的高度相关性。因此，可将毕业生就业率作为反映经济周期和贷款风险变化的调节信号。相应地，风险补偿金比例上限的调节机制为：

$$RP_{max} = 15\% + \Delta UE = 15\% - \Delta E \qquad (6.1)$$

其中，RP_{max}（maximum of risk premium）表示风险补偿金上限，是一个比例值；15%为2004年政策规定的风险补偿金比例上限，本书暂以此作为一个基期数据；ΔUE（unemployment）表示失业率增量，可正可负。ΔE（employment）表示就业率增量，本身也可正可负。

经过上述调整，风险补偿金的比例上限将在基期比例上限（此处为15%）的基础上紧盯就业率/失业率参数浮动，从而灵活反映经济周期的变化，并实现反周期供给调节，即当经济紧缩，贷款风险增大时，风险补偿金的比例上限和相应支出将随着失业率上升而上升，贷款实现扩张；反之，风险补偿金的比例上限和相应支出下降，导致贷款紧缩。其自动调节贷款供给的逻辑过程，即学生贷款的反周期供给机制可表示为：经济紧缩（扩张）→学生就业率下降（上升）→贷款风险上升（下降）→风险补偿金比例上限提高（下降）→贷款扩张（紧缩）。

可见，风险补偿金是调节助学贷款反周期性供给的有效工具，而在经济紧缩期间政府加大风险补偿金投入也是其公共财政职责所在。为配合风险补偿金比例上限的动态调整，有三点工作需要辅助进行：首先，由于目前风险补偿金的提供方式是中央政府支付部委高校，地方政府支付地方高校，那么，若财政增量较大，对于部分财政弱势的地方政府，其风险补偿金的支付增量可由中央财政予以转移支付。但从目前国内多数省份的情况看，风险补偿金的增量额度应该不会太大，甚至无须新的财政投入。其次，需要认真研究并科学计算毕业生就业率。实际上，目前国内许多高校公布的就业率数据掺杂了"水分"，并不能真实反映学生的就业情况。因此，实行学生贷款的反周期供给机制之前，

① 董伟. 就业压力呼唤助贷新政 [N]. 中国青年报，2009 – 05 – 11.
② 吴兰友. 并非巧合的数据 [N]. 上海金融报，2008 – 01 – 18.

必须对原有的就业率数据进行更加严谨的再统计。最后，上述测算模型可以开阔决策者的思路，促进相关决策科学化，但与所有理论模型一样，面对实际经济生活，其实践会受到诸多因素的制约。因此，要确定风险补偿金的比例上限，应在遵循测算模型的基础上，辅之以"相机抉择"（discretionary）的决策方式，以提高决策水平。

第二，引入助学贷款保险机制。要实现学生贷款的自适应供给，除了完善现有的风险补偿机制之外，还可引入助学贷款保险机制作为补充。助学贷款保险是一项新兴的学生资助保险项目。2007 年 8 月，央行发布《关于做好家庭经济困难学生助学贷款工作的通知》，鼓励贷款机构"探索将保险引入助学贷款业务的新途径，有效转移和防范助学贷款风险"。此后华安保险公司率先推出助学贷款保险业务，迈出了引入商业保险机制化解风险第一步。其具体做法是贷款银行运用助学贷款的风险补偿金向保险机构投保，当贷款学生不能按期还贷时，由保险机构先赔给银行后再向大学生追偿。该业务推出后，受到了各地贫困生、高校和银行的欢迎。

助学贷款保险机制是对助学贷款经营模式的一大创新。它充分利用了保险机构的风险管控专长，解除了银行的后顾之忧，有利于增加贷款供给。更重要的是，助学贷款保险业务本身就具有一定的反周期供给功能。助学贷款供给之所以会随经济周期波动，很大程度上是受到贷款风险的影响。尤其是在经济紧缩期，学生就业率和平均薪酬下降，无疑会加大还款风险，提高贷款违约率，导致贷款银行畏惧风险而减少贷款供给。在这种情况下，助学贷款保险的介入有助于分散和降低贷款风险，从而解除银行的后顾之忧，起到稳定和保障贷款供给的作用，避免了经济萧条期间助学贷款的周期性波动，对于保障贫困生入学起到"雪中送炭"的作用。一个可以佐证的事实是：2008～2009 年，在云南、江苏、辽宁等多个省份助学贷款保险机制实施后，原本受经济紧缩影响而陷于停滞的助学贷款出现大幅度增长。正是因为如此，助学贷款保险机制实施后受到许多省份的欢迎。截至 2011 年 9 月，已累计承保 62 万笔业务，涉及学生 33 万人，保险金额 35.1 亿元，业务范围涉及江苏、云南、辽宁、重庆等 10 个省市，有力推动了国家助学贷款的发展。① 因此，要建立学生贷款的自适应

---

① 童清. 尽一切努力做大学贷险业务［J］. 华安月刊，2011（9）：15.

供给功能，今后还应继续推进和完善助学贷款保险业务。

"银行＋保险"的助学贷款经营模式虽然有助于稳定经济周期对贷款供给的影响，但目前的主要问题是，我国还有不少地区尚未引入这一机制，银行目前仍然是贷款风险的主要承担者，这也在很大程度上影响了学生贷款反周期供给机制的普适性。因此，地方政府、银行和保险机构应加大合作力度，推广助学贷款保险机制的实施范围。此外，按照以往规定，助学贷款的风险补偿金只能用于弥补贷款损失或奖励管理单位。借鉴试点省市的成功经验，地方政府可出台新政策，允许助学贷款的风险补偿金可用于缴纳助学贷款保险的保费，以便为助学贷款保险业务的实施创造条件。由此，中国高校学业资助自适应供给"双保险机制"得以建立，贷款机构可以根据贷款风险向保险公司投保，也可以选择与就业率信号挂钩的浮动风险补偿金机制来分散风险，调节贷款供给，进而实现学生学业资助的供求平衡。

三、基于就业率的高校生活资助反周期供给机制构建

如果说依靠"盯住就业率"的风险补偿金机制和助学贷款保险机制可以实现学生贷款的反周期供给，基本上解决了经济紧缩期间高校贫困生的学费和住宿费问题，使其不至于失学，那么在经济紧缩期间，学生生活资助不足的矛盾则必须通过构建生活资助反周期供给机制化解。

在现行资助政策体系中，助学金的主体是国家助学金，它资助力度大，每人每年3000元，覆盖面达在校生的20%，主要用于学生的生活费开支，因此，它是贫困生生活资助的主要来源；国家励志奖学金发放给品学兼优的贫困生，每人每年5000元，因而也具有一定的生活资助功能。所以，这两类项目比较适合作为生活资助反周期供给的主体项目。至于其他的资助项目，要么性质不完全相符（如国家奖学金重在"奖优"，而非"扶贫"），要么资助面或资助力度不易扩张（如学费减免和勤工俭学），因此，它们更宜于充当生活资助反周期供给的辅助项目。

目前，国家助学金和励志奖学金由国家财政全额投入，所以要建立生活资助的自适应供给系统，其实质就是要建立国家生活资助资金的动态调节机制，使资助资金规模与资助需求的变化挂钩。而要实现这一点，可以引入社会就业

率/失业率指标作为生活资助供给的调节信号和中介变量,以实现生活资助资金与失业率的同比例增长。这是因为学生父母一旦失业,家庭经济很可能陷入贫困,这样贫困生规模和资助需求与失业率在一定程度上就形成了正相关关系,社会失业率越高,贫困生越多,相应地学生生活资助规模也应越大。因此,国家助学金和励志奖学金拨付规模的供给调节机制可表示为:

$$SG = SG_0 \ (1 + \Delta UE) = SG_0 \ (1 - \Delta E) \qquad (6.2)$$

$$NS = NS_0 \ (1 + \Delta UE) = NS_0 \ (1 - \Delta E) \qquad (6.3)$$

其中,SG(stategrants)表示国家助学金;NS(national encouragement scholarship)表示国家励志奖学金;SG_0 和 NS_0 分别表示基期的助学金和励志奖学金规模;ΔUE(unemployment)表示失业率增量,可正可负。ΔE(employment)表示就业率增量,可正可负。

对于上述公式,有两点需要指出:第一,学生贷款与国家助学金和励志奖学金虽然都引入了就业率/失业率指标,但两者的不同之处在于:学生贷款反周期供给引入的是高校毕业生的就业率/失业率指标,而国家助学金和励志奖学金的反周期供给机制引入的则是社会就业率/失业率指标。其原因在于:助学贷款的规模主要取决于贷款风险,而贷款风险又与学生就业率相关,因而只有将学生就业率与风险补偿金比例挂钩才能激励贷款供给。国家助学金和励志奖学金规模主要取决于贫困生的数量及其资助需求,而贫困生的数量及其资助需求又与社会就业率的变化相关,因此,只有引入社会就业率指标才能反映贫困生资助需求的变化,保障学生资助的供给。第二,无论是助学贷款,还是国家助学金和国家励志奖学金,它们都是以就业率/失业率为基准进行调节的。但基于这一指标带来的资助增长很可能只是资助所需的下限。其隐含的假定是:学生和学生家长无法就业,会导致贫困,造成资助需求上升;但在经济紧缩期,没有失业的人口,也可能因为薪酬下降或其他原因陷入贫困。因此,本书所建立的学生资助反周期供给机制,只是满足经济紧缩期间学生资助增长的最低需求,换言之,相关资助增量只是财政投入的底线,而非理想水平。在满足上述投入之外,政府还可进一步加大投入,使贫困生的经济需求得到更充分的满足。

经过上述调整,当经济紧缩,社会失业率上升时,国家助学金和励志奖学金规模将随失业率同步上升，生活资助供给实现扩张；反之则紧缩。其自适应供给功能的逻辑过程为：经济紧缩（扩张）→就业率下降（上升）→生活资助增加（下降）。这样，学生生活资助的自适应供给系统也得以建立。

此外，学费减免和勤工俭学在经济紧缩期间也可作出相应调整。由于勤工助学不用承担债务，也可以锻炼能力，所以其岗位一向受到贫困生的青睐。然而，部分国内高校提供的勤工助学岗位津贴额度太低，达不到国家规定的津贴不低于 8 元/每小时的要求。按规定，一个全岗最多可以月工作 32 小时（周工作 8 小时），学生可获 256 元津贴，基本可以解决贫困生的吃饭问题。现在的常规做法是因岗位不足而将一个岗分给 2 个学生。本书建议高校的勤工助学岗位数提出一个比例要求，并提供部分补贴；高校的后勤岗位（除技能型外）可在周末和假期中全部对贫困生开放，以此来补充勤工助学岗位的不足。而学杂费减免是专门应对家庭极度困难的特殊学生的，如孤儿、烈士子女等，国内各校历来都从严控制。考虑到经济紧缩期间的特殊情况，可由政府拨出专款，增加特殊学费减免项目，以因金融危机导致父母双失业、因天灾失去经济供给能力的学生为对象。

经过上述一系列措施，中国学生资助的自适应供给系统得以成型。这个自适应系统以学生就业率和社会就业率为自适应调节信号，以风险补偿金浮动机制和奖助学金动态拨付机制为自适应调节机制。当就业率信号输入时，在自适应调节机制的作用下，中国学生资助体系可实现供求平衡，其系统结构和运行机制如图 6 - 2 所示。

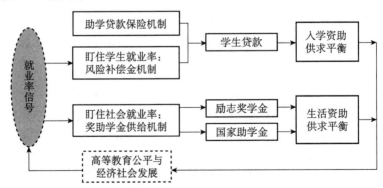

图 6 - 2　中国学生资助自适应供给系统与运行机制

第三节　高校学生资助反周期供给机制的可行性与实施效益

高校学生资助的反周期供给机制是以加大财政投入为基础的，它在政策和财政方面是否可行呢？其实施又会带来什么效益呢？本节将对此进行研究。

一、高校学生资助反周期供给机制的可行性

从根本上看，实施学生资助的反周期供给机制，就是要通过加大公共财政投入，增加学生资助的供给量。因此，学生资助反周期供给机制的可行性主要反映在两个方面：一是要政策上可行，即顺应国家的大政方针政策要求；二是要财政上可行，即财政可以负担。从目前的情况看，学生资助反周期供给机制在这两个方面都具备了条件。

经济周期波动虽然会对学生资助的发展提出挑战，但从以往的实践看，应对这一波动所采取的宏观经济政策通常会为学生资助反周期供给机制的实施提供政策条件。从我国的情况看，应对宏观经济周期的主要手段一般是财政和货币政策，即经济紧缩时期财政和货币政策扩张（"单扩"或"双扩"），经济扩张时期则反向操作。以2008年的国际金融危机为例，2008年11月，为熨平经济波动，刺激经济复苏，中央政府出台了一系列的"反周期宏观经济政策"，其重点是把财政政策由"稳健"调整为"积极"，把货币政策由"适度从紧"调整为"适度宽松"。同时，为配合相关政策实施，政府还将关乎民生的"教育是基，就业是本，就医是急，分配是源，社保是依，稳定是盾"六大要点纳入其中，并提出了扩大内需的十条措施以及高达4万亿元的投资计划。这些反周期经济政策和举措不但有利于经济复苏，同时，也为构建学生资助反周期供给机制提供了宽松的政策环境和物质条件。

从财政政策看，经济紧缩时期实行积极财政政策，意味着政府将加大公共财政投入。根据时任财政部部长谢旭人的表述，在实施积极财政政策的过程中，公共财政投入应重点落实"教育是基"的要求，"优先发展教育投入机制，完善和落实家庭经济困难学生资助政策""推动落实国家助学贷款政策"。① 可见，

---

① 谢旭人. 实施积极财政政策，促进经济较快平稳发展 [J]. 求是，2008（23）：18.

积极财政政策是鼓励加大教育资助投入的。为此，国家将运用财政手段，"完善和落实家庭经济困难学生资助政策。推动落实国家助学贷款政策，大力推动生源地信用助学贷款"。① 这就为构建学生资助反周期供给机制提供了必要的财政政策基础。

再从货币政策看，2008 年我国实施了适当宽松的货币政策，引导和鼓励金融机构扩大信贷规模，以加大金融对经济增长的支持力度。对于贷款投放领域，中国人民银行曾明确指出，贷款工作应坚持区别对待、有保有压，鼓励金融机构加大对助学的信贷支持。② 所以从以往的经验看，扩大学生资助规模不但是保障教育公平的需要，同时也是落实经济紧缩期间国家货币政策、促进经济社会平稳发展的需要。因此，适当宽松的货币政策也可以为构建学生资助的反周期供给机制，激励助学贷款供给提供必要的政策依据和导向。

可见，按照惯例，经济紧缩时期所出台的货币政策提出了扩大学生资助规模的要求，而积极的财政政策则为扩大学生资助规模提供了必要的财政资源和手段。这样看来，构建和实施学生资助的反周期供给机制不仅是保障教育公平的需要，同时也是落实国家宏观政策、促进经济社会平稳发展的需要。它在政策上具有较强的可行性。

学生资助反周期供给机制的构建与实施具备了政策上的实施调节。那么这一机制需要增加多少财政投入呢？从上面的内容可以看出，构建学生资助反周期供给机制所需的财政增量主要来自四个方面：一是风险补偿金增量（也可用于助学贷款保险）；二是助学金增量；三是奖学金增量；四是学费减免的财政增量。关于上述财政增量的总投入，这里可以做一简单测算。假定某年处于经济紧缩期间，其毕业生就业率和社会就业率均比上年下降 10%（即失业率提高 10%），③ 则各种资助项目的财政增量如下。

第一，风险补偿金增量。若毕业生就业率比上年下降 10%，则风险补偿金比例上限为：$RP_{max} = 15\% + 10\% = 25\%$，即在原有基础上提高 10%，那么，

① 财政部：实施积极的财政政策，促进经济社会平稳较快发展［EB/OL］. http：//www. mof. gov. cn/caizhengbuzhuzhan/zhengwuxinxi/caizhengxinwen/200811/t20081113_ 89911. html. 2008 – 11 – 13.

② 田俊荣. 货币政策"适度宽松"怎样落实［N］. 人民日报，2008 – 11 – 12.

③ 上述假定为最大化假设。事实上，毕业生失业率和社会失业率上升 10 个百分点的情况一般很少出现，其目的在于最大化估计实施反周期供给机制的投入成本，使研究结论比较稳妥。

因风险补偿金比例上限调整所产生的补贴支出增量也相当于当年贷款发生额的10%。按2018年助学贷款发放额为325.54亿元计算，则因风险补偿金政策调整所产生的最大补贴支出增量为32亿元。

第二，助学金和奖学金增量。2018年国家助学金资助金额166.96亿元，国家励志奖学金金额41.26亿元。[①] 两项合计约208亿元。假定社会失业率上升10%，国家财政投入最多只需增加20.8亿元。

上述资助项目合计新增财政投入最多不超过53亿元，仅占2018年高校学生资助财政总投入530亿元的10%。显然，这样的财政支出增量相对万亿元计的积极财政预算而言并不多。而且随着经济复苏，就业率必将上升，相应的资助支出也将减少。因此，学生资助的自适应供给在财政上也是可行的。

二、高校学生资助反周期供给机制的实施效益

高校学生资助反周期供给机制的实施，可以取得多方面的成效，总的来看，其效益主要体现在以下两方面。

首先，它可以更好地保障学生资助供给和教育公平，具有显著的社会效益。经济周期与学生资助的关系原理表明，在自然条件下，学生资助供给缺乏稳定性和适应性，容易随经济周期大起大落，且与社会需求相悖。而反周期供给机制实施后，可以将资助供给中的"追涨杀跌"为"削峰填谷"，使贷款供给更加稳定和富有适应性，从而更好地满足学生资助的动态需求，保障教育公平。尤其是在经济趋于紧缩的困难时期，这一措施可使更多的贫困生实现高等教育入学，进而有利于提升民众信心和社会认同度。而且，这一机制可在一定程度上实现高校学生资助规模的动态自适应调节，从而使相关部门和高校的资助管理更加简明、高效和迅捷，避免了以往调节措施的混乱、无序和仓促，为抵御国内外各种经济风险的冲击筑起一道"防火墙"。

其次，它有利于稳定经济发展，促进经济复苏，具有明显的经济效益。高校学生资助的反周期供给机制不仅是教育资助的调节机制，同时也是一种经济调节机制。这一作用主要是通过学生资助规模的反周期变动来实现的。学生资

---

① 全国学生资助管理中心.2018年中国学生资助发展报告［N］.人民政协报，2019－03－07 (018).

助的增加不但可以拉动内需，增加消费，而且随着消费的流转，在乘数效应（multiplier effect）① 作用下，GDP 还将加倍增长，并带动就业和税收，因此，学生资助的规模对于经济增长有重要的影响。如前所述，学生贷款规模通常随经济周期同步波动，即经济扩张，学生资助扩张；经济紧缩；学生资助也紧缩，这显然会加剧经济的"过热"或"过冷"。而在反周期供给机制实施后，资助供给将与经济周期反方向运动，可以自动起到调节经济发展的作用，其调节经济的逻辑过程，亦即学生贷款反周期供给机制对经济发展的调节过程可以表述为：经济紧缩（扩张）→ 就业率下降（上升）→学生资助扩张（紧缩）→促进经济扩张（紧缩）。因此，高校学生贷款的反周期供给机制是有利于经济复苏和稳定发展的。

学生资助的反周期供给机制也有利于革除地区经济增长的结构性弊病，提高经济增长质量。我国经济之所以步入紧缩期，国内经济增长结构的失衡也是一个重要原因。消费、投资和出口是经济增长的"三驾马车"，但从经济发展的一般规律来看，消费才是拉动经济增长的最终动力，它对经济增长的贡献率一般为 80% 左右。然而多年来，我国经济增长中国内消费的贡献率长期偏低，并且居民消费在最终消费中所占比重在缩小，这样的经济增长结构显然存在隐患。我国消费需求低下的主要原因在于社会中下阶层购买力低下，因此，要拉动消费内需，关键在于启动中低收入阶层的消费，而学生资助恰好有利于增加低收入群体的消费，化解经济增长的结构性矛盾。所以，在低收入阶层消费萎缩的背景下，反周期供给机制可以扩大贷款规模，促进低收入群体消费，这对于优化经济增长结构有一定的正面作用。

因此，实施学生资助的反周期供给机制，不但可以满足学生资助需求，保障教育公平，促进经济复苏，而且也是经济紧缩期间落实国家宏观经济政策的一条有效途径，有助于教育事业和国民经济的长期发展。因此，这一机制既具有政策可行性和财政可持续性，又具有显著的经济和社会效益。

---

① 乘数理论是宏观经济学的理论基础之一。宏观经济学认为，乘数效应是社会不同部门连锁反应的结果：甲部门消费增加必然引起乙部门收入增加，这又将引起乙部门的消费增加，如此连锁影响下来，一系列生产部门的收入都会随之增加。因此，增加一定量的支出能带来比它大几倍的国民收入。

第四节　小结

学生资助的反周期供给机制是一个前人很少探究的重要课题，经济周期是现代市场经济运行中不可避免的宏观经济现象，而经济周期又必将导致学生资助供求关系的周期性波动。尤其是在经济紧缩期间，学生资助需求的上升与供给的下降必将打破资助供求的平衡，引发学生资助的紧张。这是一个具有必然性、长期性和普遍性的重要问题。为应对学生资助的周期性波动，世界各国大多采取了一些应对措施。这些措施虽然都有其合理性，但多为临时性措施，而非制度化的自动调节机制，具有反馈滞后、政出多门，操作不便、缺乏稳定性的弱点。

"反周期"概念最初见于现代宏观经济学，现代市场经济国家对经济周期普遍采取了"逆风向"调节措施，以熨平经济波动，稳定经济发展，其方式主要是在经济紧缩期采取扩张型经济政策，在经济扩张期采取紧缩型经济政策。因此从长远看，借鉴宏观经济学的"反周期"概念及其措施，设计一种可以自动实现"逆经济风向"调节的学生资助供给机制，是十分必要的。这就要求研究者充分认识和利用已有制度框架和各种条件，通过制度创新，着力构建学生资助的"反周期供给机制"，实现学生资助的"动态自适应供给"。

从理论上看，理想的学生资助反周期供给措施至少应具备两个条件：第一，应对措施制度化、常规化，这样可以使学生资助的反周期工作具有预见性和灵敏性，且能够"长抓不懈"，从而避免了以往相关工作反应滞后的不足；第二，应对措施统一简洁，易于操作和协调，最好能够"自动"实施。综合上述要求，要应对学生资助的周期性波动，借用控制论（cybernetics）理论，就是必须建立起学生资助的"自适应"供给体系。

研究表明，应用控制论原理，将学生资助的财政投入与毕业生就业率和社会失业率挂钩，是解决学生资助周期性波动的主要途径。尤其是在经济波动时期，可以采用"盯住就业率"，适时调节财政投入量的办法，稳定贷款供给，化解学生贷款的供求矛盾。尤其是经济紧缩期间，一方面，通过密切关注大学毕业生就业率的变动，并以此为基准调整风险补偿金比例上限，再辅之以引入和完善助学贷款的保险机制，就可以建立起学生贷款的双重动态供给调节机制——若贷款银行愿意将风险补偿金交给保险机构，则可以转移贷款风险，保障贷款供给；若不愿意，贷款银行也可以通过浮动的风险补偿金分散贷款风险，同样可以保证助学放贷的积极性，从而稳定高校贫困生的学费和住宿费供应，保障其高等教育入学。另一方面，在生活资助供给方面，通过密切关注社会就业率的变化，及时实现生活资助与失业率的同比例增长，进而保障高校贫困生的日常生活需要。这样，以政府为管理主体的高校学生资助反周期供给机制就得以建立。

从这一机制的可行性和实施效益看，实施学生资助的反周期供给机制，合乎经济紧缩时期的财政政策和货币政策导向，国家财政也可以承担。而且，相比以往静态视角下的学生资助反周期措施，学生资助的反周期供给机制避免了以往应急性调节措施的滞后、混乱、无序，使经济紧缩期的资助管理更加简明、迅捷，也更富有弹性和适应性，从而为保障高校学生资助动态供求平衡铺平了道路，也可为构建高校资助的宏观精准管理机制奠定基础。而且，学生资助的反周期供给机制可以扩大资助规模，增加低收入群体的消费，并在乘数效应作用下，使 GDP 加倍增长，化解经济增长的结构性矛盾，促进经济复苏和发展。因此，学生资助的反周期供给机制不仅是教育资助的宏观调节机制，也是一种经济调节机制，具有显著的经济和社会效益。

第七章

中国高校精准资助系统的构建方案

本书前面探讨了我国高校现行的或可行的各种保障型资助项目、发展型资助项目和综合管理项目的运行机制及其优化方案。本章将对上述项目机制进行汇总，探索中国高校学生资助体系的总体解决方案。本章内容共分三节：第一节，设计原理与运行机制；第二节，配套措施；第三节，小结。

第一节　设计原理与运行机制

我国高校精准资助系统的总体方案应是基于系统论的基本思想而建立。系统论认为，在"任何系统都是一个有机的整体，它不是各个部分的机械组合或简单相加，系统的整体功能具备各要素在孤立状态下所没有的性质"。按照系统论"系统功能大于要素功能相加之和的"这一基本观点，上面探讨的五种资助项目，包括两种保障型资助项目、一种发展型资助项目和两种综合管理项目，在相关机制改革实施后，不但可以遵循新的机制更加高效地独立运行，还应彼此合作，产生协同效应，共同汇总形成一个关于高校贫困生精准资助的系统平台（见图 7-1）。

在这个系统中，五种项目机制各有分工，各司其职，它们又可以分为三个子系统。其中，保障型资助是基础，发展型资助是新增长点，综合管理机制是管理保障，保障三个子系统的协同运行，是高校精准资助管理的工作重心。从各个子系统的功能看，在保障型资助系统中，国家助学贷款和高校勤工俭学分别负责资助贫困生的学费、住宿费和生活费，以保障贫困生实现高等教育入学

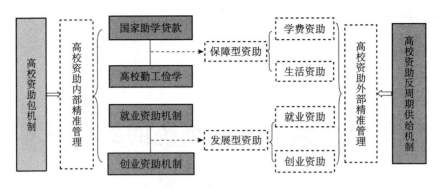

图7-1 中国高校贫困生精准资助系统的构建方案

和基本生活需要；在发展型资助系统中，就业资助保障贫困生高质量就业，以提升贫困生综合素质，共同促进其成长；在综合型管理子系统中，资助包对校内所有资助项目进行动态协同管理，学生资助的反周期供给机制应对宏观经济周期波动，两者共同合作，调节学生资助的供给规模与分配结构，实现对学生资助资源的校内外精准管理。上述三种资助子系统共同构成高校精准资助系统，上述项目机制整合运行后，学生从入学到生活到就业，从基本保障到个人成长，都将实现全程化精准资助管理，学生资助工作的有效性和针对性将得到加强。

进一步看，上述高校贫困生精准资助系统在实践中还具有一定扩展性，其内容可以更加丰富。例如，助学金、奖学金、学费减免等项目，可以纳入保障型资助子系统，与国家助学贷款和高校勤工俭学共同运行。至于其他类型的资助项目，也可以依照上述方法，加入相应的子系统运行，进一步提高学生资助的力度与效率。此外，由于牵涉项目众多，管理难度较大，今后还可以建立关于高校精准资助系统的计算机管理平台，以降低管理难度，保障系统的平稳高效运行。

此外，高校贫困生精准资助系统的构建方案又是一种理论思考，它在实践中的实施，还需要长期的探索和试点。首先从改革原则看，高校精准学生资助管理平台的构建涉及项目众多，内部项目运行又具有一定的独立性，因此相关改革应按照循序渐进的原则进行。借鉴以往我国相关改革经验和教训，可以采用小范围试点方式，探明和解决高校精准资助体系建设的共性问题和难点后，再向大范围推广，届时只需集中精力解决系统运行的个性问题，降低改革成本。其次，在高校精准资助系统任意一个环节的构建前后和构建过程中，都应注意积极听取各方意见，适时调整相关政策，避免在决策中有所考虑不全，导致正式实施时引发矛盾，出现不配合甚至抵制的情况。总之，对于高校精准资助管理系统的建立，政府和高校应给予高度重视，将其作为高校精准资助机制建设的工作抓手，在人财物方面予以积极支持，同时，加强相关政策设计、人员培训和机构建设工作，以保障改革顺利实施。

第二节　配套措施

高校精准资助机制改革为高校学生精准资助工作奠定了制度基础。同时，其他有助于提升学生资助精准度的工作也应同步推进。例如，高校精准资助应建立在科学识别资助对象的基础上，所以对贫困生认定工作，应加大研究力度，制定更加科学合理的贫困生识别办法，以准确判定学生家庭经济状况，保证资助资金的精准分配；又如，今后应进一步提升高校资助工作的行政效率和透明度，尤其是要公开资助资金发放数量、到账时点等相关信息，加快审核发放流程，从而实现"以监督促效率"的目标，等等。

精准资助以效率为重点，但也不可忽视高校学生资助工作在"公平""多元""充足"方面的发展。因此，今后应以资助效率提升为重点，兼顾其资助公平、资助多元和资助充足的多方面改进，实现我国高校学生资助工作水平的全面升级。基于此，今后可采取以下措施。

第一，进一步强化资助公平。公平是学生资助事业的基石。精准扶贫战略实施后，我国学生资助事业的公平性依然面临新的挑战。例如，虽然我国大量贫困人口已经实现了脱贫，但这并不意味着脱贫家庭可以完全负担子女的学费和生活费。考虑到物价水平的提升，相关部门应增加资助额度，实现从"绝对贫困"向"相对贫困"标准的转型，以保障困难家庭学生享受高等教育的权利；但是，资助标准的制定目前过于整齐划一。今后应该考虑各地区的物价指数差异，实现学生资助的地域公平，以保障不同地域贫困学生的消费水平。

第二，鼓励资助方式的多元化发展。经济资助是当下高校资助的主要手段，然而仅靠有限的经济资助，已难以满足贫困学生的全面发展需求。因此，今后高校学生资助应实现由经济解困向资助育人的转型，在保障贫困大学生基本生活的基础上，加大发展型资助力度，全面提高贫困生的个人素质和素养。

第三，激发社会主体的积极性，保障资助充足。学生资助不仅是国家大事，更是全社会共同的责任。目前我国高校学生资助资金来源中，国家财政占据了绝大多数，其他资金来源的比例较小。据统计，2018年，社会团体、企事业单位及个人捐助资助资金15.90亿元，仅占高校资助资金总额的1.38%。① 因此，增加社会群体对高校扶贫的支持力度是今后高校学生资助事业发展的重要方向。例如，企业、校友会、社会公益组织是高校资助事业发展的重要力量，他们可以为贫困生提供学费资助、实习岗位、就业机会等多方面的帮助。此外，参与高校资助也有利于其履行社会责任，招揽优秀人才，获得良好的社会声誉。所以国家有必要加大政策激励力度，引导更多的社会群体参与学生资助，同时也分担政府的财政压力。

第四，借鉴国际经验，推动学生资助高水平发展。尽管我国高校资助发展取得显著成就，但相比高等教育发达国家，我国高校学生资助事业还存在许多不足。例如，在学生资助资金来源上，发达国家学生资助资金池来源于社会捐赠的比例很高，而目前我国仍然受限于政府资助；又如，美国学生贷款制度格外完善，各类贷学金几乎可以覆盖所有学生的需求，但贷款利率存在明显差异；此外，国外对资助学生的认定，大多建立在完善的收入申报制度基础上，我国也应加快建立相关制度。因此，借鉴国际先进经验是我国高校资助事业发展的重要路径。

第三节　小结

我国高校精准资助系统的设计思想源自"系统功能大于要素功能相加之和"的系统论思想。按照这一原理，本书探讨的各种项目机制可整合为一个高校贫困生精准资助的系统平台。

这个系统可以分为保障型资助、发展型资助和综合管理三个子系统。其

---

① 全国学生资助管理中心. 2018年中国学生资助发展报告［N］. 人民政协报，2019－03－07 (018).

中，保障型资助是基础，发展型资助是新增长点，综合管理机制是管理保障，实现三个子系统的协同运行是工作重心。具体来说：在保障型资助系统中，国家助学贷款和高校勤工俭学分别保障贫困生实现高等教育入学和基本生活需要；在发展型资助系统中，就业资助保障贫困生高质量就业，促进其成长；在综合型管理系统中，资助包计划和学生资助反周期供给机制分别调节学生资助的分配结构与供给规模，实现对学生资助资源的校内外精准管理。上述机制整合运行后，学生从入学到生活到就业，从基本保障到个人成长，都将实现全程化精准资助管理，学生资助工作的有效性和针对性将得到加强。而且，上述管理系统还具有一定扩展性，可以容纳更多的资助项目，还可以通过建立计算机系统管理平台，保障系统的平稳高效运行，降低管理难度和管理成本。

借鉴以往我国相关改革经验，应按照循序渐进的原则，先小范围试点，探明和解决改革的共性问题和难点后，再大范围推广。同时，改革方应积极听取各方意见，适时调整相关政策，政府也应予以积极支持，以保障改革顺利实施。与此同时，今后高校还应加强贫困生认定和资助资金分配方面的透明度与效率，以进一步推进高校资助工作的精准度。此外，精准资助以效率为重点，但也应兼顾高校学生资助工作的公平、多元与充足，以实现高校学生资助工作水平的全面升级。基于此，今后应进一步强化资助公平，鼓励资助方式的多元化发展，激发社会主体的积极性，保障资助充足，同时借鉴国际经验，促进学生资助可持续发展。

参 考 文 献

一、中文参考文献

(一)著作

[1] 沈红,等. 中国高校学生资助的理论与实践 [M]. 北京:中国社会科学出版社,2016:5.

[2] 陈灿芬. 高校贫困大学生现状研究 [M]. 北京:经济科学出版社,2015.

[3] 杨国洪. 大学生资助体系的国际比较与借鉴 [M]. 广州:中山大学出版社,2013.

[4] 王昌松. 高校贫困生工作 [M]. 济南:泰山出版社,2008.

[5] 杨东. 中国教育公平的理想与现实 [M]. 北京:北京大学出版社,2006.

[6] 杨周复. 高等学校学生资助政策研究 [M]. 北京:高等教育出版社,2003.

[7] 高鸿业. 西方经济学 [M]. 北京:华夏出版社,2006.

[8] 宁骚. 公共政策学 [M]. 北京:高等教育出版社,2003.

[9] 宋承先. 现代西方经济学(宏观经济学)[M]. 上海:复旦大学出版社,1997.

[10] [美] 保罗·萨缪尔森. 经济学 [M]. 萧琛,等译. 北京:人民邮电出版社,2004.

[11] 陈共. 财政学 [M]. 北京:中国人民大学出版社,2004.

［12］李扬．财政补贴的经济分析［M］．上海：上海三联书店，1990．

［13］毛程连．中高级宏观经济学［M］．上海：复旦大学出版社，2005．

［14］马经．助学贷款国际比较与中国实践［M］．北京：中国金融出版社，2003：68．

［15］张民选．理想与抉择：大学生资助政策的国际比较［M］．北京：人民教育出版社，1997．

［16］马经．助学贷款国际比较与中国实践［M］．北京：中国金融出版社，2003．

［17］陈成文．社会弱者论［M］．北京：时事出版社，2000．

［18］王蓉．中国教育财政政策咨询报告（2005—2010）［M］．北京：教育科学出版社，2011．

［19］教育部，财政部，全国学生贷款管理中心．高等学校学生资助政策问答［M］．北京：高等教育出版社，2003．

（二）期刊论文

［1］季俊杰．精准扶贫背景下高校贫困毕业生就业质量的异质性测度与提升策略［J］．教育与经济，2018（3）：89－96．

［2］季俊杰，肖华茵．中国高校资助包计划的实践特色与启示［J］．现代教育管理，2013（12）．

［3］季俊杰．中国学生贷款补贴体系的演变与发展趋势［J］．云南师范大学学报（哲学社会科学版），2012，44（1）．

［4］季俊杰．学生贷款的定价困境与国际经验［J］．现代教育管理，2010（12）．

［5］季俊杰．中国学生贷款补贴的资助功能与绩效评价［J］．复旦教育论坛，2010，8（1）．

［6］沈红，季俊杰．经济周期与学生贷款的"反周期供给机制"［J］．教育研究，2009，30（12）．

［7］沈红，季俊杰．新经济形势下学生贷款供求矛盾解决方略［J］．高等教育研究，2009，30（2）．

［8］季俊杰，沈红．论国家助学贷款补贴的教育资助效应［J］．教育学术

月刊，2008（8）.

[9] 季俊杰，沈红．国家助学贷款的宏观经济效益［J］．清华大学教育研究，2008（1）.

[10] 肖华茵，季俊杰，沈红．国家助学贷款利率政策的实施效应［J］．高等工程教育研究，2007（3）.

[11] 沈红，季俊杰．我国助学贷款信用保险制度的问题及其完善［J］．教育与经济，2013（2）.

[12] 季俊杰，沈红．基于就业率的学生资助自适应供给系统的构建［J］．教育与经济，2012（1）.

[13] 张永．脱贫攻坚中高校学生精准资助的育人体系建构［J］．思想教育研究，2017（11）：107-110.

[14] 胡邦宁，张晓宇，付轲，王帆．构建高校精准资助耦合性育人机制研究［J］．文化创新比较研究，2017，1（12）.

[15] 展伟．高校贫困生精准资助中的精准育人转向［J］．江苏高教，2018（06）：80-82.

[16] 吴朝文，代劲，孙延楠．大数据环境下高校贫困生精准资助模式初探［J］．黑龙江高教研究，2016（12）.

[17] 侯莲梅，米华全．利用大数据推进高校精准资助工作创新［J］．思想理论教育，2017（8）.

[18] 罗丽琳．大数据视域下高校精准资助模式构建研究［J］．重庆大学学报（社会科学版），2018，24（2）.

[19] 邹松涛，薛建龙，魏东，马帅江，张松伟．基于大数据的学校精准资助工作研究［J］．中国教育学刊，2018（S1）.

[20] 柴政，屈莉莉，彭贵宾．高校贫困生精准资助的神经网络模型［J］．数学的实践与认识，2018，48（16）.

[21] 白华，徐英．扶贫攻坚视角下高校建档立卡生精准资助探析［J］．国家教育行政学院学报，2017（3）.

[22] 吕坤，路海玲，徐嘉．高校学生精准资助实现路径及绩效评估指标体系研究［J］．学校党建与思想教育，2019（13）.

［23］周昆，袁丹．学习券制度：高校贫困学生精准资助的新途径［J］．教育发展研究，2018，38（11）．

［24］冯婷莉，许恒．生源地信用助学贷款风险补偿金机制再探［J］．教育研究，2019，40（4）．

［25］徐英，白华．国家助学贷款制度的演变、缺陷与优化路径［J］．教育评论，2017（12）．

［26］冯涛．按收入比例还款型助学贷款的国际比较及中国的未来选择方案［J］．中国高教研究，2018（3）．

［27］徐国兴，刘牧．国家助学贷款按收入比例还款：日本的特点及启示［J］．高教探索，2016（10）．

［28］苏隆中，赵峰．高校学生助学贷款定价问题探析［J］．求索，2015（2）．

［29］杨潇，项昱．精准扶贫视域下大学生精准资助的方法研究——基于贫困生认定的满意度调查［J］．黑河学院学报，2019，10（4）．

［30］杨绍政，刘庆和．我国高校贫困生认定制度基础缺陷的矫正与配套政策设计［J］．贵州社会科学，2016（12）．

［31］刘贵华，孟照海．论研究生教育的发展逻辑［J］．教育研究，2015（1）．

［32］李达丽．"三助"工作与研究生创新能力的培养［J］．衡阳师范学院学报，2006（1）．

［33］欧杰宁．浅谈"三助"工作与研究生培养［J］．广西大学学报，2007（5）．

［34］李川．关于研究生兼任"助管"工作的思考［J］．四川兵工学报，2009（2）．

［35］肖守德，王绍明．西部地方综合高校研究生"三助"工作现状调查与发展对策［J］．和田师范专科学校学报（汉文综合版），2010（1）．

［36］裴劲松，李现曾，陈菲．研究生兼做"三助"工作的现状及其思考［J］．吉林工学院学报，2001（12）．

［37］裴劲松，袁伦渠，赵忠义．研究生教育投资的经济学分析［J］．中

国软科学，2002（2）.

[38] 张雷. 广西高校研究生"三助"体系建设的理论思考与实践走向 [J]. 经济师，2008（4）.

[39] 裴劲松. 研究生兼任"三助"工作的现状分析与建议 [J]. 学位与研究生教育，2001（6）.

[40] 张再林，张涛. 广西高校研究生"三助"管理工作的现状与发展对策探析 [J]. 高教论坛，2009（5）.

[41] 康小珊，宫照军，杨婷婷. 论研究生"三助"工作的作用、问题和对策 [J]. 北京邮电大学学报（社会科学版），2010（8）.

[42] 李勇辉，陈勇强，郭新华. 我国高校研究生兼任"三助"工作的现状与发展对策 [J]. 南京邮电大学学报（社会科学版），2007（3）.

[43] 金健美，曹伟，沈延兵. 研究生三助工作的现状与展望 [J]. 学位与研究生教育. 2006（9）.

[44] 刘毓. 上海交大研究生兼做"三助"工作的现状分析与对策研究 [J]. 学位与研究生教育，1998（2）.

[45] 沈延兵. 高校研究生"三助"工作走势与对策 [J]. 学位与研究生教育，2004（2）.

[46] 李勇辉. 高校研究生"三助"工作现状与发展对策 [J]. 纺织教育，2007，（5）.

[47] 霍莉，李兰. 从"助学"到"培养"——研究生"三助"岗位制度创新的思考 [J]. 研究生教育研究，2016（6）.

[48] 王广飞. 在高校学生资助政策中体现教育公平 [J]. 盐城师范学院学报：人文社会科学版，2011（5）.

[49] 夏心军. 对教育公平的再认识 [J]. 教育学报，2005（6）.

[50] 路同，朱成娟. 对教育公平理论的本源梳理及超越 [J]. 辽宁教育行政学院学报，2007（11）.

[51] 谢浩然. 辅导员在高校"精准资助"中的角色定位及角色扮演 [J]. 法制与社会，2016（22）.

[52] 彭志荣. 人力资源理论背景下高校师资队伍建设的思考 [J]. 中国

成人教育，2008（8）.

［53］李毓．论高校核心竞争力与人才资源管理创新［J］.合肥学院学报，2004（4）.

［54］方丹丹，韩锡斌，何良春，陈刚．研究生培养机制改革后的"三助"管理信息化研究［J］.中国教育信息化，2016（5）.

［55］周正平．扩大内需为何十年没有大突破［J］.新世纪周刊，2008 - 11 - 11.

［56］童清．尽一切努力做大学贷险业务［J］.华安月刊，2011（9）.

［57］谢旭人．实施积极财政政策，促进经济较快平稳发展［J］.求是，2008（23）.

［58］梁爱华．"开行模式"国家助学贷款中高校"惜贷"问题探讨［J］.当代教育科学，2008（5）.

［59］李庆豪．生源地助学贷款的发展困境与前景——以湖北 A 市为例［J］.清华大学教育研究，2007（10）.

［60］寇鑫．高校民主管理略论［J］.辽宁师专学报（社会科学版）.2009（2）.

［61］张欣兰，刘鸿，肖云龙．论导师与研究生交往关系的转变［J］.学位与研究生教育，2007（9）.

［62］卢丽琼．浅析美国高校研究生"助教"制度及启示［J］.复旦教育论坛，2005（1）.

［63］都昌满．美国高校研究生"助教"的培训制度与做法［J］.学位与研究生教育，2015（5）.

［64］谢矜，王晓莉，肖宝华，汪健．深化教育改革背景下研究生"三助"制度设计的思考［J］.学位与研究生教育，2015（5）.

［65］陈清．"四位一体"发展性学生资助模式的实践分析——以三江学院为例［J］.教育观察，2015（9）.

［66］梁涛，雷世富，王忠海．培养机制改革下研究生"三助"功能及实现［J］.学位与研究生教育，2007（12）.

［67］王向红．论我国研究生研究资助体系的创新与优化［J］.学位与研

究生教育，2006（9）.

[68] 张福友. 关于普通高校学生精准资助工作的理路 [J]. 黑龙江高教研究，2015（11）.

[69] 杨晓慧. 关于新时期高校学生精准资助工作的思考 [J]. 中国高等教育，2016（9）.

[70] 张远航. 论高校家庭经济困难学生的"精准资助" [J]. 思想理论教育，2016（1）.

[71] 吴海燕. 高校学生精准资助的路径探索 [J]. 学校党建与思想教育，2018（23）.

[72] 胡邦宁，杨靖旭，吕晨，张旋. 高校精准资助的现状及对策研究——基于对22所高校的调查分析 [J]. 经济研究参考，2017（34）.

[73] 曲绍卫，纪效珲，王澜. 推进"精准资助"：义务教育学生资助管理绩效评估研究——基于第三方教育评估机构的数据分析 [J]. 教育与经济，2017（1）.

[74] 吴丽仙. 建立精准学生资助工作机制研究 [J]. 教育评论，2015（9）.

[75] 杨士同，侯华伟，郭晋，马熙. 高校资助育人工作精准长效机制探析——以西北农林科技大学林学院为例 [J]. 教育教学论坛，2017（51）.

[76] 郭萌，王怡. 基于契约理论的高校精准资助机制优化研究 [J]. 经济研究导刊，2019（1）.

[77] 宋美喆. 基于模糊综合评价方法的高校贫困生认定研究 [J]. 黑龙江高教研究，2016（7）.

[78] 王管. 国家奖助学金受益群体激励与参与机制探究 [J]. 教育理论与实践，2015，35（9）.

[79] 管新春. 美国研究生助学金制度及其对我国的启示 [J]. 大学教育科学，2016（3）.

[80] 张向红，高亮洁. 信息不对称背景下高校助学金评审流程设计——基于博弈论的视角 [J]. 江苏高教，2016（4）.

[81] 史少杰，周海涛. 研究生"三助一辅"工作：问题及对策 [J]. 国

家教育行政学院学报，2016（3）.

[82] 贾立壮，胡文斌．协同育人视域下研究生"三助"工作创新体系构建研究［J］．兰州教育学院学报，2016，32（3）.

[83] 胡滨，郑联盛．"贷款＋保险"：国家助学贷款市场化机制研究［J］．保险研究，2014（8）.

[84] 吴大平．广西生源地信用助学贷款贷后管理机制研究［J］．广西社会科学，2014（4）.

[85] 李敏，周艳华．国家助学贷款风险防范和化解机制探析［J］．学校党建与思想教育，2013（9）.

[86] 赵贵臣，刘和忠．国家助学贷款风险补偿制度：现状分析与政策建议［J］．社会科学战线，2013（7）.

[87] 薛浩．高校助学贷款机制面临的困境与对策——以江苏部分高校为例［J］．中国高教研究，2011（2）.

[88] 唐俐俐．国家助学贷款机制设计中的激励相容缺失［J］．经济导刊，2010（12）.

[89] 毕鹤霞．高校贫困生认定理论变迁述评［J］．现代教育管理，2012（6）.

[90] 孙涛，沈红．基于家庭经济状况调查的高校贫困生认定——国际比较的视角［J］．外国教育研究，2008（10）.

[91] 胡磊．基于三角白化权函数灰色评估在高校贫困生认定中的应用［J］．数学的实践与认识，2013，43（16）.

[92] 李先军，程世新．美国高校助学金制度的实施办法及启示［J］．黑龙江高教研究，2014（8）.

[93] 罗筑华，陈熙，谭建国．高校贫困生国家助学金的评定研究［J］．湖南社会科学，2010（3）.

[94] 刘彬霞，陆蓉，江浩斌．对在大学生奖助学金评比中引入积分制的探索［J］．教育探索，2010（7）.

[95] 郭成，赵婷婷，陈敏．高校勤工俭学管理模式和规范化建设探索——以云南大学现代教育技术中心为例［J］．中国教育技术装备，2012

（32）：117 - 118．

[96] 全斌，苏良亿，黄榕成．西部民族地区大学生贷款代偿政策调查研究——以桂北高校为例 [J]．广西师范大学学报（哲学社会科学版），2014，50（1）．

[97] 侯佛钢．学费补偿贷款代偿政策调查研究与对策分析——以西南大学为例 [J]．中国大学生就业，2013（18）．

[98] 冯涛，程宝燕．美国助学贷款的困境、对策与趋势 [J]．外国教育研究，2017，44（4）．

[99] 沈华、沈红．学生贷款偿还负担的国际比较及我国的实证研究 [J]．比较教育研究，2004（10）．

[100] 童清．尽一切努力做大学贷险业务 [J]．华安月刊，2011（9）．

[101] 冯涛，程宝燕．美国助学贷款的困境、对策与趋势 [J]．外国教育研究，2017，44（4）：18 - 29．

[102] 孙涛，沈红．泰国高等教育助学贷款改革：基于实践的探讨 [J]．高教探索，2008（1）．

[103] 孙涛，沈红．印度高等教育助学贷款的改革与启示 [J]．教育研究，2009（7）．

[104] 沈华，沈红．国家助学贷款回收和偿还效率的计量分析 [J]．北大教育评论，2008（10）．

[105] 周觉，李海松．我国城乡居民边际消费倾向与收入关系的实证研究 [J]．价值工程，2018，37（27）．

[106] 薛浩，陈万明．我国高校贫困生资助政策的演进与完善 [J]．高等教育研究，2012，33（2）．

[107] 丁桂兰，姜旭萍，杨志丹．高校绿色通道的落实现状与对策思考 [J]．教育与职业，2009（30）．

[108] 卢丽琼．浅析美国高校研究生"助教"制度及启示 [J]．复旦教育论坛，2005（1）．

[109] 霍莉，李兰．从"助学"到"培养"——研究生"三助"岗位制度创新的思考 [J]．研究生教育研究，2016，（6）．

［110］都昌满．美国高校研究生"助教"的培训制度与做法［J］．学位与研究生教育，2015（5）．

［111］谢矜，王晓莉，肖宝华，汪健．深化教育改革背景下研究生"三助"制度设计的思考［J］．学位与研究生教育，2015（5）．

［112］王向红．论我国研究生研究资助体系的创新与优化［J］．学位与研究生教育，2006（9）．

［113］史静寰，叶之红，胡建华，徐小洲，杨颉，李立国，刘永贵，康凯，王小梅，高晓杰，许燕，瞿振元．走向2030：中国高等教育现代化建设之路［J］．中国高教研究，2017（5）．

［114］谭光兴．坚持教育创新、培养具有"信敏廉毅"素质的创业型人才——再论江西财经大学本科人才培养特色［J］．江西财经大学学报，2008（3）．

［115］杜坤林．从保障型资助到发展型资助：高校助学工作范式转换及其实践［J］．中国高教研究，2012（5）．

［116］董显平．江西：多渠道疏导农民工"回流"［J］．中国经济周刊，2009（3－2）．

［117］宋飞琼．国家助学贷款惜贷的理论分析与破解路径［J］．金融理论与实践，2008（3）．

［118］方丹丹，韩锡斌，何良春，陈刚．研究生培养机制改革后的"三助"管理信息化研究［J］．中国教育信息化，2016（5）．

［119］孟国忠．社会支持视域下贫困大学生发展型资助体系的构建［J］．中国成人教育．2017，（15）：65－68．

（三）博硕士学位论文

［1］罗燕．研究生"三助"工作中的问题及其精准化管理对策研究［D］．江西财经大学硕士学位论文，2018．

［2］熊小娟．高校贫困生就业扶助研究［D］．江西财经大学硕士学位论文，2019．

［3］刘佳．大学生勤工俭学管理系统设计与实现［D］．湖南大学硕士学位论文，2013．

［4］杨芳敏．地方普通高校贫困生精准资助机制研究［D］．南昌大学硕士学位论文，2018．

［5］马宁．云南师范大学硕士研究生"三助一辅"工作的管理问题研究［D］．云南师范大学硕士学位论文，2018．

［6］廖茂忠．学生贷款违约影响因素研究［D］．华中科技大学博士学位论文，2008．

［7］黄维．国家助学贷款转移支付理论与实践研究［D］．华中科技大学博士论文，2003．

［8］毕鹤霞．中国高校贫困生判别研究［D］．华中科技大学博士学位论文，2010．

［9］温静．美国联邦政府研究生资助政策研究［D］．西南大学博士学位论文，2012．

［10］姚梅芳．基于经典创业模型的生存型创业理论研究［D］．吉林大学博士学位论文，2007．

［11］戴勇．基于就业公平的转型期高校贫困学生就业扶助政策研究［D］．南京大学博士学位论文，2011．

［12］郭昕．我国普通高校贫困生资助问题研究［D］．华中师范大学博士学位论文，2013．

［13］马彦周．大学生发展型资助体系构建研究［D］．华中农业大学硕士学位论文，2012．

（四）报刊文章

［1］全国学生资助管理中心．2018年中国学生资助发展报告［N］．人民政协报，2019－03－07（018）．

［2］教育部全国学生资助管理中心．2016年中国学生资助发展报告［N］．人民日报，2017－03－01（014）．

［3］高靓．"十三五"期间实现"精准资助"——教育部副部长杜玉波就学生资助工作答记者问［N］．中国教育报，2016－03－12（001）．

［4］袁贵仁．全面深化综合改革　全面加强依法治教　加快推进教育现代化［N］．中国教育报，2015－02－12（001）．

［5］高靓．"十三五"期间实现"精准资助"——教育部副部长杜玉波就学生资助工作答记者问［N］.中国教育报，2016 – 03 – 12（001）.

［6］刘成．我国大学生就业政策体系形成，鼓励企业聘毕业生［N］.中国青年报，2008 – 06 – 05.

［7］宋振远．2000万失业农民工返乡之后［N］.中国青年报，2009 – 02 – 11.

［8］汤白露．两部委出台强制性措施，国家助学贷款艰难破局［N］.21世纪经济报道，2005 – 09 – 04.

［9］田俊荣．货币政策"适度宽松"怎样落实［N］.人民日报，2008 – 11 – 12.

［10］张武明．江西省全面启动生源地信用助学贷款［N］.江西日报，2009 – 04 – 16.

［11］谢湘．有益于青年一生成长，生源地助学贷款成亮点［N］.中国青年报，2008 – 08 – 29.

［12］董伟．就业压力呼唤助贷新政［N］.中国青年报，2009 – 05 – 11.

［13］吴兰友．并非巧合的数据［N］.上海金融报，2008 – 01 – 18.

［14］全国学生资助管理中心．2018年中国学生资助发展报告［N］.人民政协报，2019 – 03 – 07（018）.

［15］胡锦涛．通力合作，共度时艰——在金融市场和世界经济峰会上的讲话［N］.中国青年报，2008 – 11 – 16.

［16］季谭．大学生助学贷款违约率28.4%，欠费高达数亿元［N］.第一财经日报，2006 – 09 – 15.

［17］金融危机蔓延，美国人开始上不起大学了［N］.成都商报，2008 – 20 – 21.

［18］谢洋．国家助学贷款10年累计337.1亿惠及436万大学生［N］.中国青年报，2009 – 05 – 02.

［19］教育部全国学生资助管理中心．2016年中国学生资助发展报告［N］.人民日报，2017 – 03 – 01（014）.

［20］仝春建．保险能否让助学贷款不再尴尬［N］.中国保险报，2009 –

04 – 30.

　　［21］刘继成．银保合作能否化解助学贷款困局［N］．中国青年报，2007 –
08 – 22.

　　［22］张阳春．"学贷险"求解助贷风险难题［N］．楚天金报，2010 – 09 –
06.

（五）报告

　　［1］华中科技大学资助管理中心．华中科技大学资助手册［R］．2010.

　　［2］许祥云，陈方红．江西省普通高校贫困生资助状况调查报告［R］．
广西青年干部学院学报，2009（10）.

　　［3］沈红等．高等学校学生助学贷款制度实施效益的国际比较研究［R］．
教育部人文社科课题研究报告.

　　［4］人力资源和社会保障部．2015 年劳动和社会保障事业发展统计公报［R］.

（六）网站资料

　　［1］大学生就业扶助项目简介［EB/OL］．华民慈善基金会官网．http：//
www. chinahuamin. org/project/employment/viewprojectintro. aspx？id = 482，2016 –
04 – 11.

　　［2］2009 年全国普通高校资助政策执行情况［EB/OL］．中华人民共和国
教育部官方网站，http：//old. moe. gov. cn/publicfiles/business/htmlfiles/moe/
s4560/201008/96208. html.

　　［3］人社部：2016 年城镇新增就业 1314 万人　超额完成任务［EB/OL］.
中国新闻网，http：//www. chinanews. com/gn/2017/03-01/8162308. shtml，2017 –
03 – 01.

　　［4］国家统计局．2016 年中国统计年鉴［EB/OL］．北京：中国统计出版
社：2016.

　　［5］赵建华．2016 年中国税收收入增长 4. 8% ［EB/OL］．人民网，ht-
tp：//finance. people. com. cn/n1/2017/0112/c1004-29019560. html，2017 – 01 –
12.

　　［6］信用保险有效化解国家助学贷款违约风险［EB/OL］．http：//bxjg.
circ. gov. cn/web/site0/tab5210/info3887874. htm.

［7］2009 年全国普通高校资助政策执行情况［EB/OL］. http：//www. cnr. cn/jy/yw/201008/t20100813_ 506888295. html.

［8］教育部 2006 年第 16 次新闻发布会［EB/OL］. http：//www. edu. cn/20060725/3201477. shtml.

［9］信用危机冲击学贷市场 美国国会忙提案救市［EB/OL］. http：//www. singtaonet. com/america/200804/t20080412_ 761760. html.

［10］李兴文. 全国劳务输出大省江西省农民工返乡调查报告［EB/OL］. http：//news. qq. com/a/20081113/000988. htm, 2008 - 11 - 13.

［11］财政部：实施积极的财政政策，促进经济社会平稳较快发展［EB/OL］. http：//www. mof. gov. cn/caizhengbuzhuzhan/zhengwuxinxi/caizhengxinwen/200811/t20081113_ 89911. html. 2008 - 11 - 13.

二、外文参考文献

［1］Smithlr. The Undergraduate Research Assistant and The Faculty Mentor：A Mutually Beneficial Relationship［EB/OL］. Http：//Journals. Asha. Org/Perspectives/Terms. Dtl, 2011 (9).

［2］R. Mathieu, et al. Annual Report on the Center for the Integration of Research. Teaching and Learning (CIRTL).

［3］Julius D. J. , Gumport P. J. Graduate Student Unionization：Catalysts and Consequences［J］. Review of Higher Education, 2003 (2).

［4］Lafer G. Graduate Student Unions：Organizing In A Changed Academic Economy［J］. Labor Studies Journal, 2003 (2).

［5］Parkc. The Graduate Teaching Assistant (GTA)：Lessons From North American Experience［J］. Teaching In Higher Education, 2004 (3).

［6］Bosrr, Zakrajsekdb, Wolfv, et al. Teaching Assistant Traits：Their Influence On Student Ratings［J］. Improving College and University Teaching, 1980 (4).

［7］Craigjs. Teaching Assistant Collective Bargaining at The University of Wisconsin-Madison［C］//Employment and Education of Teaching Assistants. Institutional Responsibilities and Responses: Readings From A National Conference. 1989 (53).

[8] Mcewenl A. A Graduate Teaching Assistant Workshop In A Faculty of Science [J]. Canadian Journal of Higher Education, 2010 (2).

[9] D. Bruce Johnstone. Sharing the Costs of Higher Education Student Financial Assistance in the United Kingdom, the Federal Republic of Germany, France, Sweden, and the United States [M]. New York: the College Board, 1986.

[10] Ziderman, A. & Alhrecht. Financing Universities in Developing Countries [M]. The Washington DC: The Falmer Press, 1995.

[11] Adrian Ziderman. Student Loans in Thailand: Are they effective, equitable, sustainable? [M]. UNESCO-Bangkok/IEEP, 2003.

[12] Fred Luthans, Elina S. Ibrayeva. Entrepreneurial Self-Efficacy in Central Asian Transition Economies: Quantitative and Qualitative Analyses [J]. Journal of International Business Studies, 2006, 37 (1).

[13] Boyd, N., Gand, G. S. Vozikis. The Influence of Self-Efficacy on the Development of Entrepreneurial Intentions and Actions [J]. Entrepreneurship Theory and Practice, 1994, 18 (4).

[14] Neck H., Zacharakis A., Bygrave W., et al. Global entrepreneurship monitor: 2002 executive report [R]. Babson college, Babson, MA, 2003.

[15] Shen, Hong & Li, Wenli. The Review of Student Loans Scheme in China [R]. UNESCO, 2003.

[16] Federal Student Aid. The Student Guide 2005—2006 Financial Aid from the U. S. Department of Education [P]. Washington DC: US Government, 2005.

[17] American's Student Loan Provider. The Federal Family Education Loan Program: A Better Deal for Students & Taxpayers. http: // www. studentloan-facts. org, 2005 – 07 – 12/2005 – 12 – 20.

[18] Lafer G. Graduate Student Unions: Organizing In A Changed Academic Economy [J]. Labor Studies Journal, 2003, 28 (2).

[19] Abbottrd, Wulffud. Review of Research On TA Training [J]. New Direc-

tions For Teaching And Learning, 1989, (39).

[20] Parkc. The Graduate Teaching Assistant (GTA): Lessons From North American Experience [J]. Teaching In Higher Education, 2004, 9 (3).

[21] Bosrr, Zakrajsekdb, Wolfv, et al. Teaching Assistant Traits: Their Influence On Student Ratings [J]. Improving College And University Teaching, 1980, 28 (4).

[22] R. Mathieu, et al. Annual Report on the Center for the Integration of Research, Teaching and Learning (CIRTL).

[23] Geoge Psacharopoulas & Maureen Woodhall. *Education for Development: An analysis of investment choice* [M]. Oxford University Press, 1986.

[24] Chung, Yue Ping. The student loans Scheme in Hong Kong [R]. UNESCO, 2003.

[25] Adrian Ziderman & Alhrecht. Financing Universities in Developing Countries [M]. The Falmer Press, 1995.

[26] Anna Kim & Young Lee. Student Loan Schemes in the Republic of Korea: Review and Recommendations [R]. UNESCO, 2003.

[27] Harvey Lee. Defining and Measuring Employability [J]. Quality in Higher Education. 2010, (2): 97 - 109.

[28] Kariene Mittendorff et al. Students' Perceptions of Career Conversations with Their Teachers [J]. Teaching and Teacher Education. 2011, (27): 515 - 523.

[29] Kiomars Mohamadi. Impact of Social Capital on Job Satisfaction and Quality Outcomes [J]. Annual Review of Sociology. 2013, (24): 1 - 24.

[30] Kye Woo Lee, Miyeon Chung. Enhancing the Link between Higher Education and Employment [J]. International Journal of Educational Development, 2015, (40): 23 - 33.

[31] Po Yang. The Impact of Financial Aid on Learning, Career Decisions, and Employment [J]. Chinese Education & Society, 2011, 44 (1): 56 - 62.

后　记

不知不觉，从事高校学生资助研究已有十余载了。这本小书可以视为对以往研究成果的一个回顾、总结和提升。

高校贫困生"精准资助"机制研究虽然是一个新课题，但我对高校贫困生资助机制的关注由来已久。2006年，我进入华中科技大学攻读博士学位，在导师沈红教授指导下，开始了对高校贫困生资助机制的长期思考，并将关注点主要集中于国家助学贷款的运行机制；2009年博士毕业后，我将研究对象转向高校资助包机制和高校贫困生资助的反周期供给机制，同时指导我的硕士研究生对高校勤工俭学机制和就业资助机制开展初步的探索；2015年以后，随着高校资助事业的发展和精准资助理念的提出，我将研究对象延伸到高校精准资助系统的设计理念等新问题，同时开始考虑将以往研究成果与精准资助机制研究对接的可能性与路径，并着手构思本书的写作框架。如今，这些不同时期的研究成果都汇集于本书中。其中，既有我的新近研究，也有对我以往系列论文发表的整合更新，还有对我所指导的硕士学位论文的引用、修改和重构（第三章和第四章）。这些多元化的研究内容都融入了我对高校贫困生资助事业发展的思考，反映出中国高等教育资助事业发展轨迹和我个人研究轨迹的变迁，并统一在精准资助机制研究的主题下呈现给读者。

本书得以出版，首先感谢我的博士生导师沈红教授，是她将我领入学生资助研究领域，并一直为我提供学术指导；感谢江西财经大学王乔教授、李春根教授对本书出版予以的支持和鼓励；感谢本书的责任编辑顾瑞兰女士，她为本书的编辑出版付出了辛勤的劳动，敬业负责的工作态度令我感动；还要感谢我所指导的几位硕士研究生：罗燕和熊小娟两位同学在其硕士学位论文中开展的调查，奠定了本书第三章和第四章的调研基础；李丽娟、李莹和柴诗三位同学在文献整理和书稿校对方面承担了大量的工作。此外，中国海洋大学数学科学学院胡玉洁同学、江西财经大学国际贸易学院的汪明辉同学、胡兰同学也为本书的写作承担了部分文字校对工作，感谢他们的付出。

高校贫困生精准资助机制研究是一个极富研究价值的新兴课题，然而由于学术水平和写作时间有限，再加上研究内容繁杂，本书在思路整理、结构安排、文字表达方面还有不少遗憾，数据采集和统计可能也有纰漏之处。对于本书的诸多不足，敬请专家和读者多予批评指正，同时，也期待本书能够起到抛砖引玉的作用，吸引更多的学者致力于这项研究，以促进中国高等教育资助事业的发展。

季俊杰

2019 年 9 月